KOKKO

[こっこう]

創刊号

9

September

2015

雑誌『KOKKO』の創刊にあたって

　国公労連（日本国家公務員労働組合連合会）は、本年10月で結成40周年を迎えます。これを機に、これまで組織内で発行・配布してきた月刊誌『国公労調査時報』を新たに雑誌『KOKKO』として名実ともに新装し、一般の方へ向けて市販化する運びとなりました。

　国公労連は、国の行政機関や裁判所、独立行政法人などで働く国家公務員を中心に組織している労働組合です。私たちは、前身組織である国公共闘（日本国家公務員労働組合共闘会議）以来、国民にとってより良い行政・財政・司法の確立をめざして、政府にその実現を求める活動を重視してきました。そのための運動に役立つ理論、政策、資料誌として、1962年12月15日から『国公労調査時報』を毎月発行（通算632号）してきました。

　しかし、私たちの長年の活動でも、国の機関や国家公務員の役割について、国民に意外と知らされていないことや、理不尽なバッシングなどで「公務員」に対する誤解が存在していることから、もっと多くの国民に理解を広げていくことが必要との思いが、組合員の中にも広がってきました。

　その背景には、近年の総人件費削減があります。毎年、

国の機関と職員が減少し続けていますが、それでも機能の低下を何とかくい止めようと努力しているのは、そこで働く国家公務員なのです。それは、自らの仕事が国民の権利保障や安心・安全に直結するという責任感と、「良い仕事がしたい」という使命感からであり、国家公務員としての矜持からです。私たちは、こうした国の役割や国家公務員の実態をより多くの国民に伝えることで、国民に必要な国の機能の低下に歯止めをかけなければいけないと、この度、月刊誌の新装と市販化に踏み切った次第です。

　創刊した『KOKKO』は、「『国（くに）』と『公（おおやけ）』を現場から問い直す情報誌」として、いま何が起きているのかを国の機関の職場から発信するとともに、読者のみなさんとともに求められている役割を探究し、憲法のもとで国が担うべき国民の権利保障について問い直していきたいと思います。

2015年8月

日本国家公務員労働組合連合会（国公労連）

書記長　鎌田　一

Contents

雑誌『KOKKO』の創刊にあたって
日本国家公務員労働組合連合会(国公労連)　書記長　鎌田　一

［創刊記念インタビュー］
根深い自己責任論と
無責任な安倍政権の「安保法制」
——他の国に代えられない
憲法9条による国際貢献を ……………006
平野啓一郎 作家

［特集］官製
ワーキングプア
非正規国家公務員をめぐる問題
——歴史、現状と課題 ……………022
早川征一郎 法政大学名誉教授

〈座談会〉官製ワーキングプア
国が生む貧困と行政劣化 ……………030
山﨑正人　国土交通労働組合書記長
竹信三恵子　和光大学教授
鎌田　一　国公労連書記長
ハローワークで働く非常勤職員

[連載] 国公職場ルポ　第1回
[日本年金機構の有期雇用職員]
8,000人雇い止めと外部委託で
年金個人情報ダダ漏れ状態 ……………050
藤田和恵 ジャーナリスト

[連載] ナベテル弁護士のコラムロード　第1走
「ゆう活」に見える安倍政権のブラック企業的体質 ……………060
渡辺輝人 弁護士

[連載] スクリーンに息づく愛しき人びと　第1作
階級連帯の内と外
『パレードへようこそ』ほか ……………065
熊沢 誠 甲南大学名誉教授

[リレー連載] 運動のヌーヴェルヴァーグ　藤田孝典⑤
労働組合はもう役割を終えたのか
──労働組合活動の復権に向けて ……………072
藤田孝典 NPO法人ほっとプラス代表理事

[書評] 安田浩一著
『ヘイトスピーチ 「愛国者」たちの憎悪と暴力』 ……………077
浅尾大輔 作家

KOKKO 創刊号 9 September 2015

「根深い自己責任論と無責任な
安倍政権の「安保法制」——
他の国に代えられない
憲法9条による国際貢献を」

平野啓一郎

多くの小説を発表するだけでなく、若者らの「生きづらさ」の背景にある日本社会の自己責任論を批判するとともに、安倍政権の「安保法制」などにも日常的にツイッターなどで批判されている作家の平野啓一郎さんにお話を伺いました。

（インタビュー収録7月7日、聞き手＝本誌編集部・井上伸）

時々の政権の解釈で集団的自衛権を行使する「安保法制」

―― 平野さんは政治の問題についても様々なメディアで意見表明されていますが、いま一番大きな問題になっている「安保法制」と9条の問題について、どうお考えになっていますか。

安倍政権による「安保法制」は、集団的自衛権を行使するものです。この集団的自衛権を行使するのであれば、憲法改正をするのが筋だと思います。その根本から僕はこの法案に反対しています。

ひらの　けいいちろう　1975年愛知県生まれ、北九州市で育つ。京都大学法学部卒。大学在学中の1999年、『新潮』に投稿した『日蝕』により芥川賞を受賞。以後、数々の作品を発表し、各国で翻訳紹介されている。『決壊（上）（下）』（新潮社、2008年）で平成20年度芸術選奨文部科学大臣新人賞、『ドーン』（講談社、2009年）で2009年ドゥマゴ文学賞受賞。著書に、『私とは何か――「個人」から「分人」へ』（講談社現代新書、2012年）、『空白を満たしなさい』（講談社、2012年）、『「生命力」の行方　変わりゆく世界と分人主義』（講談社、2014年）、『透明な迷宮』（新潮社、2014年）ほか多数。現在、小説「マチネの終わりに」を毎日新聞で連載中。

たとえばシーレーンの安全確保など、問題を一つずつ取り上げてどうすべきかという話であれば、左右を問わず現実的な議論ができたと思うのですが、一括して提出された法案は非常に多岐に亘り、しかもその文言自体があまりに漠然としています。これでは、議論が混乱するのは当然です。作られようとしている法律も、その時々の政権によってどうにでも解釈できてしまう。

　特定秘密保護法の時もそうでしたが、「自分たちはそんなつもりはない」といくら安倍政権が言っても、法律というのはそういうものではありません。法律の解釈によって可能な形になってしまうということの重みが、今の内閣からは感じられませんね。

　僕は、憲法というのは自分たちがどういう政治的共同体なのかということの根本規定だと思っています。それが民主主義的な政治体制であるならば、権力の抑制や言論の自由は自己実現のプロセスで必ず保証しなければいけない。もちろん憲法は権力を縛る機能がありますが、それが目的ではありません。民主主義国家という存在の自己実現のために当然含まれなければいけない規定として、憲法が内包しているものだと思います。

　憲法というのは、その国の根本的な自己規定です。それに背いて法律を制定するのは、やはり間違っていますよね。そういうことができてしまってはいけないと思います。

——憲法の自己規定の根本のところに、憲法9条があると思います。明文改憲についてはどう思われますか？

　僕は、9条に関しては改憲しない方がいいと思います。やはり9条がある前提でできる国際貢献をやった方がいいと思いますね。というのは、何かしなきゃいけないということに関しては、これも左右を問わず、かなりの程度、合意形成ができるのではないかと思うのです。

　日本という国の存在価値を考える時に、軍事行動の後方支援は日本じゃなくてもできる。実際、イラク戦争では兵站の民営化がかなり進んでいます。しかし、日本のような特殊な憲法を持っていて中東やいろいろな国との関係が今のところ良好な国というのは、他にあまりありません。であれば、その立場でこそできることはあるは

ずですよね。日本が他の国に代えられない国際貢献をすることによってこそ、日本の安全保障は意味を持ってくる。そう考えると、憲法9条の姿勢を守りながら、日本が国際貢献することが日本にとっても世界にとっても良い方向に行くのではないかと思います。

――「安保法制」について私たち労働組合は「戦争法案」だと批判しているのですが、戦争に関してどのようなお考えをお持ちですか？

　祖父が戦争を体験していて、僕に詳しく語ってくれていました。祖父と一緒に戦争に行った人たちはほとんど餓死か病死なんですね。私の祖父はインパール作戦に参加しましたから、とにかくジャングルで死屍累々とした中を彷徨った。そこに英雄的な側面など全くなく、戦友と呼ばれる人たちに祖父が抱いていた思いは可哀想の一言です。可哀想という気持ちをずっと持っていて、『ビルマの竪琴』などの映画を見てよく泣いていました。泣くのはやはりジャングルの中で死体がいっぱい転がっているシーン。部隊の人の顔が思い浮かぶのに加え、水島という主人公が「この戦友を置いて帰れない」という気持ちに胸を打たれるようでした。

　先の戦争は侵略戦争でしたから、悼むという気持ちは対外的には通じないところがあります。でも僕は戦死者に対して、心情的に悼む気持ちは分かるんですよね。ただ、「偉い」と言われるとものすごく違和感があります。特に政治権力の側にいる人間が「偉かった」という言い方をすることに対しては、祖父の経験に照らすと、非常に抵抗があります。やはり可哀想だとか申し訳なかったということが先立つべきじゃないか。そこにものすごく距離を感じます。

　僕の祖父も、戦友に対して「立派だった」とか「偉かった」とは一切言いませんでした。やはり「可哀想」と言いました。手榴弾で最後に自殺した人がたくさんいたようですが、祖父の実体験では「天皇陛下万歳」と言って自決した人はほとんどいなくて、必ず最後には「母さーん」と叫んで死んだそうです。それが、僕が子どもの頃に聴いた話の中でも耳に残っています。20代の人がジャングルの中で「母さーん」と呼びかけながら死んだことを想像すると、たまらない気持ちです。

　僕が子どもの時は、『ビルマの竪琴』など、陸軍がジャングルの中

で食べ物もなくてという映画が多かったと思います。でも、ある時から特攻隊の話ばかりになってしまって。特攻隊は特攻隊でもちろん悲惨ですが、英雄的に描くべきではない。

祖父は既に亡くなりましたが、僕が大事だと思うのは、祖父は帰ってきて戦後の生活を楽しみ、本当に幸福感を噛み締めながら生きて死んだということです。好きな魚釣りをしたりして、生きていることの喜びをものすごく感じていましたから、戦争に行って亡くなった人たちも、もし行かなければそういう生活があったはずだということを僕はいつも思うのです。

その時は国のためだと思って行ったとしても、実際に生きて帰ってきた人にインタビューなどをしても、やはり戦争は良くなかったと言う。その時の自分の考え方に後から否定的になった人はたくさんいるわけです。自分は死ぬ覚悟だと文書に残しているからといって、その人が本当に戦争に賛成していたかどうかは分からないわけですね。

――戦争には加害者の側面もあります。

侵略戦争とか植民地支配を認めないのは論外だと思いますが、ヨーロッパの人と話していると、日本人の戦争観に僕は違和感を覚えます。というのは、日本人は概して、人類という視点に立たない。ヨーロッパには、人類という視点で戦争を考える発想がある。慰安婦問題とか植民地支配というのは、当時の価値観がどうだったかということではなく、人類の歴史の一部として日本人がやったこととして、やはり悪かったと考えるしかない。その上で具体的な被害者のことを考えるべきです。

根深い自己責任論――慰安婦問題も特攻隊も自衛隊も非正規労働も結局自分で選んだこととする発想

――「安保法制」は労働者派遣法改悪など労働法制改悪による「経済的徴兵制」ともつながるという指摘もありますが、この問題についてはどう思われますか?

ストレートな答えではないのですが、韓国の文学シンポジウムに行った時、韓国にもニート文学や派遣労働者文学のようなものがあ

ると聞きました。アルバ（알바）文学と呼ばれているそうです。要するに全くキャリアアップにつながらないアルバイトの仕事を転々とさせられている、全く将来性のない「くだらない冒険」——という言い方をするらしいです——をしている若者たちの文学です。日本にも同じく非正規社員たちの文学がありますよと話したことがあります。

　近代以降の社会は、ドイツの社会学者ニクラス・ルーマンが言っている通り機能的に分化した社会です。機能ごとにすごく細かく分化し、その成果をリンクさせることによって社会が上手く回っていく社会。そこではどういう職種が必要で、どれくらいのボリュームの人員が必要か。それは基本的に社会自体が決定しないといけません。だけど、階級が固定された社会では必要なところに上手く人員が供給されないため、職業選択を自由化することによって、ある種の神の見えざる手によって、必要な機能のところに上手く人員が供給されるようにするわけです。そして社会の中で必要なくなったセクションでは、給料が下がったり活気がなくなったりして、人があまり就職しないことによって上手く調整される。それが、職業選択の自由と機能的な分化社会とがセットになった理想的な状況です。

　ただ、現実的には必ずしも上手くいかないから、政府もいろいろ調整するわけですね。その時に、もう一つセットになるものがあります。

　終身雇用があった時代には、ある職業に就くと40年間それがその人のアイデンティティになりました。そこで人々は10代の時に自分の個性を見定め、自分はこういう人間だから就職を通じて自己実現するんだという欲求の段階に則り、アプリオリに自分の個性を決めて、それに見合う社会的な機能に自分を就職させ、実現していった。そうしたモデルがあったわけです。そして就職したからには40年間、自分はその職業の人間として生きていく。

　それを社会の側から見ると、機能に穴が開いては社会自体が停滞してしまうから、常に人員が補充されるために10代の頃に自分の個性を見定め、職業を選ばなければいけないという、ある種の義務を若い人に課していたわけです。だから、若者は職業選択の自由があ

って嬉しいはずなのに、一方で「早く自分の個性を見つけろ」「それに合う仕事を探せ」というプレッシャーをいつもかけられているような感覚がある。しかも、自分はこういう個性だからこういう仕事をしようと思って就職しようとしても、就職試験で「君の見出した個性は間違っている」というような、ある意味チェックされるようなことを繰り返し、就職活動に行っては鬱状態になるというケースもあります。あるいは、仕事というものを失う度に深刻なアイデンティティクライシスに遭い、自分は社会の中で一体何者なのかということで悩んだりしたわけです。

　つまり、職業とアイデンティティが１対１であまりにも結びつきすぎている価値観自体に、僕は問題があると思います。だから僕自身は「分人化」することが大事だと言っています。アイデンティティを複数化し、なるべくいろいろなことをやって収入源と自分のアイデンティティのあり方を複数化した方がいい、リスクヘッジした方がいいと言っているのです。

　そうなるためには社会も変わらないといけません。職業選択の自由を認めれば、神の見えざる手によって人員が社会機能に自動的に上手く振り分けられていくというのは単なる理想です。しかも社会の職業自体がフラットに散らばっているわけでもない。やりたい仕事とやりたくない仕事がある中で、様々なプレッシャーによって人がやりたくない仕事が押しやられていく現実があります。しかも、誰でもできるような仕事は単純労働化され、いつでも入れ替え可能な職業がつくられている。そこに押しやられていく人たちが確実にいるわけです。

　今の社会は、そうした構造の中でどこまでを自分の自由意思で決定しているのか分からなくなっているにも関わらず、一方でものすごく強固に自己責任論というものがあります。それは主体的に本人が決断したことじゃないか、という考え方です。

　僕は、この問題はすごく根深いと思う。保守派の人たちの一部に

（注）「分人主義」
平野さんが提唱されている概念。一人の人間一つの人格だけで社会生活を営むのではなく、対人関係ごとに複数の「分人」を使い分けるありかたのこと。

あるこの考え方は、慰安婦問題にしても、特攻隊にしても、自衛隊にしても、結局は自分で選んでいることじゃないかという発想です。そこに、そうした職業に就かざるを得なかった社会的な状況や体制は全く入っていません。社会的関係から切り離されたところにポツンと一人の人間がいて、あたかもその人が全ての決断をしたかのように捉えられている。慰安婦は自分で選んでなったわけだし、特攻隊員は自ら国のために進んで決断したし、自衛隊員は自分で進んで自衛隊に入ったわけだから、そこで死ぬのも自分の責任だという世界観。非正規労働者の問題も、結局はその延長に置かれています。努力している人たちは安定した生活をしているのに、非正規労働者で居続けるのは自分の責任だとされているわけです。

　人間は社会構造の中でどのように規定されるかを社会科学系の学問が半世紀近く追求してきたはずなのに、私たちは、全ての決断は人間の自由意志に基づいているという世界観から未だに抜けられずにいる。根底にはそうした問題があると思います。

　難しいのは、何事も一緒くたにはできないということです。自衛隊員だって、死ぬ覚悟で入隊した人もいるし、自衛隊では物足りなくて傭兵になる人たちもいます。一方で経済的な理由で自衛隊に押しやられる人たちがいて、しかも抜け出そうと思っても抜け出しようがない状況の中にいる人たちもいる。その人たちを社会全体でどうにかしなきゃいけないという眼差しが、根本的にあるかどうかということが問われています。

　誰しも、どういう家庭環境に生まれるかを選ぶことはできません。僕は、裕福な家や何代も続く政治家の家に生まれること自体は悪いと思わない。しかし、トルストイなどを見ればよく分かりますが、裕福な家に生まれるということは、それ自体が1つの哲学的問題なのです。同じ時代に生まれているにも関わらず、ある人は貧困のために不可抗力的に死ぬ運命にあり、自分は幸せな人生を送れるというのは、すごく深い思想的な問題のはずです。僕がすごく嫌なのは、それを人生の中で悩まないということなんですよね。僕は特に極貧の家庭に生まれたわけではなく、そこそこ恵まれた家庭に育ったからこそ、そのことを考えなきゃいけないと思っています。恵まれた

状況で育った人が、社会的分業を完全に自己責任にして、自分で選んでいるという風に考える発想が、僕はすごく嫌なんです。制度設計以前に、派遣労働でキャリアアップもできない人たちに対する眼差しというか思想的な問題が根本にあると思いますね。

生き生きできる「分人」になれる居場所づくり

——派遣労働者から寄せられる声の中には、「死にたい」というものもあります。

　先ほど話したアイデンティティと職業が1対1で結びついてしまう考え方は、人を追い詰めてしまうと思います。だから僕は自分の中にいろんな「分人」を持つべきだと思う。嫌な「分人」もいれば、生きていて楽しい「分人」もいて、複数が自分の中に同居することによってバランスが取れると思うのです。

　居場所をつくるということがすごく大事です。僕は自殺対策をテーマに学校や地方自治体で講演する機会がよくあります。いじめられている子に「がんばりなさい」とか「こうやって生きなさい」と言ってもなかなか難しい。行政にできることは、学校での「分人」とは違う「分人」になれる居場所をつくってあげることです。学校での「分人」は嫌だけど、そこにいる時だけは生き生きできるという居場所をつくってあげること。そこを足場にする必要があるのではないかと思いますね。じゃないと、暴力団とか、そっちの方が受け皿になってしまう。

　経済的な不況は政策的にきちんとしなくてはいけないと思いますが、一方で生き甲斐として複数の自分が生きられる環境をつくっていくべきです。逆に、生活が苦しくて辛い労働をする「分人」だけが自分の中で100％になってしまうと、それ自体が非人間的なことだと僕は思う。以前『ドーン』という小説を書いた時に考えました。宇宙飛行船に往復で3年閉じ込められる有人火星探査に人間の精神が耐えられるかどうかということをNASAが研究しているのですが、それは1種類の「分人」しか生きられないことが非人間的なのではないかと思うのです。人間は複数の「分人」を生きることによってバランスを保っている。だから経済的な不況がある人は、幾つかの

「分人」を生きること自体を抑制されていることが苦しいのではないか。複数の「分人」があれば、嫌な自分がいても他の「分人」を生きるという逃げ道があります。しかしそれが１種類しかないと、それを否定すると自分の全否定みたいな発想につながってしまう。だから自殺対策を考える時には、そこを複数化していくことが重要じゃないかと思うのです。

「責任」という言葉を連発する無責任な安倍政権

――それに逆行するのが、いま安倍政権が狙っている残業代をなくして定額で働かせ放題にする労働法制改悪で、長時間労働を強いて１種類の「分人」に強制的にしてしまうことになります。

　そうですね。僕は今の政権にいろいろ不信感があります。まず「責任」という言葉をこれほど連発する首相は、歴代の中で珍しいですね。対極的に、それは非常に無責任な政権だと思います。というのは、「自分たちはこういうつもりでやっている」といつも言うけれど、つくっている法律は、その後の政権が拡大解釈で運用した場合に歯止めが全く利かないないものばかりだからです。特定秘密保護法がまさにそうでしたし、今の「安保法制」の存立危機事態もそうです。派遣法改悪など労働法制改悪もそうで、正社員化が進むなどと言うけれど骨抜きになるのは目に見えています。

　自分たちの後の世代にどういう影響を及ぼすかということに対する想像力が欠如していて、代わりに「自分はこういうつもりなんだ」と訴える。それは今の外交姿勢も同じです。中国や韓国に対して、「自分たちはこう思っている」と主張するばかり。沖縄に対しては「丁寧に説明する」と言いますが、丁寧に説明するということは最初から相手の意見を聞くつもりがないということです。ある意味すごく傲慢に、自分たちが考えていることは間違いなくて、相手が分からないのは丁寧に説明していないからだ、丁寧に説明すれば相手は必ず分かるはずだと思っている。根本的に自分たちの考えは一切変える気はないと思っている点で共通していると思います。

　そこにすごく危うさを感じます。責任といっても、どういう責任なのか。

安倍首相は、自分が戒厳令の中で絶大な権力を持っている首相であるかのような錯覚をしている気がします。しかし問題が起きた時にどういう責任を取れるかというと、せいぜい首相を辞めるぐらいのもので、後の世代にどういう責任を取ろうというのか、取りようのないことを言っているわけです。

——安倍政権はメディアに対する圧力も強めています。

　僕もメディア関係者の知り合いがいますが、それは実際にあります。しかし、力で弾圧するようなイメージよりも、メディア関係者自身が「呼び出されたりすると面倒くさい」と思っている感じです。それで「だったらもうやめておこうか」みたいになっている。実際にはテレビ局の人を呼び出して直接の圧力もかけているわけですが。なぜ政権トップとメディアの社長が一緒に会食するのかは本当に不思議で、すごく不健全だと思いますね。

　一方で、大飛車にプレッシャーをかけているわけではないけれど、結局は炎上を当てにしているところがあると思います。たとえば先日も「悪影響を与えている番組のスポンサーを列挙すればいい」と言った人がいましたね。列挙して何になるの？といったら、結局、炎上を当てにしているわけです。

　この炎上に対する萎縮というのが、今、企業からメディアから個人までものすごく大きい。それは一見、直接的な証拠を文書で指示した形跡があるわけではないのだけれど、安倍政権側がやっている本音と建前の使い分けの中で、自分たちの意見は本音では同じはずだというような人たちが、そういうものを列挙したら自動的に炎上するだろうということを当てにしているわけです。

　僕が今本当に考えなきゃいけないと思うのは、組織やメディアの存在意義です。もともと、大きな権力に1個人では立ち向かえないから新聞社やテレビ局などの組織がつくられ、権力に対抗してきたはずですよね。その組織に対して抗議されることについては、社員はある程度、耐える術を持っている。ところが今は、慰安婦問題が典型的ですが、固有名詞に向かってピンポイントでネット攻撃が起き、しかもそれが家族のプライバシーを暴くような形の批判になっている。そうすると、ある意味で剥き出しの個人として、ジャーナ

リストが社会に曝されているような状態になります。これはものすごい萎縮効果がある。1社員としては記事が書けるけれど、署名に対してネットで家族にまで攻撃される状態でも同じように書き続けられるかというと、僕は難しいと思う。それはすごく萎縮効果があると思いますね。

　しかも、何か問題があった時に会社が全力でその社員を守り続けるかというと、それも個人の処分という形にしてしまう。だから、僕は新聞社の署名記事は減らした方がいいと思います。社としての記事にしていく方向じゃないと、あらゆるものがピンポイント化している中では個人を守れない。ビジネスでも、テロでも何でも、今はターゲットがカテゴリーからピンポイントになっています。戦争も、組織というより具体的なリーダーへのピンポイントになっている。特に今は情報の精度がどんどん上がっているので、言論の自由に対してもどんどんピンポイント化していくと思いますね。そうなった時に、社会がいかに個人を守っていくかということは本当に大きなことです。

　だから僕は、フランス人が「ジュ・シ・シャルリ」（私はシャルリ）と言った時に偉いなと思ったのです。いろいろな意見がありましたが、固有名詞が剥き出しの形で社会に曝されては弱いから連帯しなきゃいけない、というのはさすがフランス人だなと思った。もし同じことが朝日新聞の社員に対して起きた場合、皆が「私が朝日新聞だ」と同じようにやるかどうか。まずやらないと思いますよね。やはり一人ひとりの人間の強さには、あまり期待はできません。怖いと思うのも自然だし、それを根性論で乗り切れというのは無理です。個人の表現を守るシステムを考えなければいけないと思いますね。

　そもそも安倍政権だって未来永劫続くわけではありません。そうすると、今、安倍政権側に寄った報道をしている人たちは、その後どうするのかなと不思議に思いますね。

SNSは議論には向かないが肌感覚でゆるやかな変化もたらす

――平野さんはネット上でもツイッターやフェイスブックなどで発信されていますが、それはどういう思いからですか？

　僕もたまにうっかりツイッターで反論してくる人に反論しちゃって、1時間くらい不毛な議論をすることがあります。SNSは議論には向かないですよね。わざと向かないつくりにしているから、皆が安心して楽しめている面もあると思います。

　ただ、面白いなと思うのは、人間って対立点から話し始めると喧嘩にしかならないんです。だけど、対立するような人でも意外と趣味が共通していることもあるんですよね。たとえば音楽の趣味がすごく合う人とは話が盛り上がるじゃないですか。そこで仲良くなってから政治的に意見の異なる話をすると、少し柔らかく「相手の言うこともそうかなぁ」とか「俺はちょっと違う意見だけど」と思えたりする。そうしたアクセスポイントを確保してから対話することは大事です。

　僕がツイッターをやっていて思うのは、その効用ですね。はじめは、皆なぜ昼飯の話とかCD買った話とか、どうでもいいようなことを書いているのかなと思ったんですよ。でもああいうところでまず共感を得ると、その後堅い話になった時の態度が少し変わるんですね。僕の小説など読んだことない人でも、僕の雑談に関心をもって小説を読んでくれるようになった人もいます。また、僕の本がすごく好きなのに政治的意見は真反対とか。なぜ僕の本を読んでそれが両立しているのか分からないんだけど、時々SNSで「最近の政治的発言には賛同し兼ねています。元の小説家に戻ってください」と言ってくる人がいる。でもその人は僕の中に好きな部分があるから、攻撃的にならずに僕の政治的な意見も一応聞き続けているわけですね。そうすると、どこかの段階で、もしかしたら意見が変わるかもしれないという気がするのです。逆に僕も、そういう人の意見を見ていると、ちょっと分かる気がすることもある。つまり、日本はこのままでは危ないというところまでは僕も共感できるし、その通りだと思うんです。問題は中国のリスクをどれくらい現実的に見積もるかというところですが、その前段となる土台づくりでは、僕はむ

しろSNSに可能性を感じています。

　人は生活の中で何十年と積み重ねてきた考えを、ある人が良いこと言ってたからといって急に変えることにはならない。「よし今日から俺は右翼から左翼になろう」ということにはならないと思うんですよね。1人の人間の考えが変わるには、やはりそれなりの時間がかかる。それは議論よりもむしろ、いつの間にかこの人たちの言っていることの方が肌に合うなぁみたいな、そういうことでしか人間の考えは変わらないのではないか。戦争直後の転向のように突然変わるのではなく、ゆるゆると転向するもののような気がしています。

　実は、自分が10代の頃は結構保守的だったんですよ。三島由紀夫が好きでしたし、日本の文化伝統は大事と言われれば、それはそうだと思っていました。でもだんだん、思想的というよりも、具体的に一々の判断に関して、保守的な人たちに同調できなくなっていったんですね。別にいいんじゃないか、というような僕の性格が、「守る」ということに強く拘る人たちに違和感を覚えるようになってきた。自分が住んでいる文学の世界は圧倒的にリベラルな人たちが多くて、その人たちが考えていることややっていることの方が魅力的に見えたし、そうすると保守派の人たちの言動にだんだん距離を感じるようになってきて、自分の中ですごく緩やかな転向がありました。

　SNSはそういうことかもしれないなと思うのです。僕は、今の僕と政治的価値観が違う人たちがみっともないことをすればする程、自分があっちの側の人間じゃなくてよかったなぁと思うんですね。たとえば橋下徹氏が出てきた時に、もしかしたらこの人はすごく仕事ができる人なのかなと見ていました。でも結局、慰安婦問題などでどんどん馬脚を露わした。つくづく自分があっちの側で盛り上がっていなくて良かったなぁと思いました。支持している人たちも、おかしなことをどんどん言い出したなと思ったらそっちにいるのが嫌になって、最後はこっちに寄ってくるんじゃないかという気がします。

　でも自分の意見を言えるような仕組みを考えていくことが大事だと思います。差別表現などを伴う炎上などに対しての対処や、それ

が個人情報にまで及んだらすぐに対処できるようなことをやっていかないといけない。すごくマッチョな言論人だけしか発言できなくなるというのは良くないと思います。

行政サービスについて

――平野さんは生活保護バッシングについても発言されています。行政サービスについてどのような思いをお持ちですか？

いくら頑張るといっても、頑張りようのない状態もあるでしょう。僕は、人間が頑張るということ自体を全否定するつもりは毛頭ありませんが、そこに至らないところで頑張れと言っても仕方がないと思います。溺れている人が泳げないと言っているのに頑張れと言っても仕方ない。陸まで引き上げるところまで社会が責任を持つ必要があると思います。

――自己責任の延長上に、公務員バッシングもあるように思います。こうした状況を改善していくためにはどうすればいいと思いますか。

行政サービスに頼ってはいけないという話に関しては、自己責任論ともつながっています。僕は、片山さつき氏のような政治家が言っていることが、ある意味分かるんです。小学生くらいまで僕も努力しない人がサポートを受けるのはズルいと思っていました。でも、そこから大人になっていく時に、人間もいろいろな条件の中で生きていくんだということを学んでいくはずです。だから、僕はあんな人間がいることを信じられないと思うわけではなく、大人になる過程で自己責任論だけでは割り切れないと普通は思っていく経験などがなかったということを不思議に思いますね。条件の違う一人ひとりの人間に対する眼差しの問題で、それがない政治家が多いというのは嘆かわしいことです。

僕は秋葉原事件の時に『決壊』という小説を書いて考えました。結局、ある社会を維持していくためには納税などいろいろな義務が発生します。なぜその義務を果たすかというと、その社会が継続して欲しいからです。自分がその社会から恩恵を受けていると感じるから、それを維持するために義務も果たすわけです。だけど、自分が社会から何の恩恵も受けられず、ましてやお金持ちの人間にだけ

都合よくできているとなると、なぜその社会のために自分が義務を果たさなきゃいけないのか、ということになる。この社会が存続していくことになぜ自分が協力しなきゃいけないのか。そうした気持ちになるのは当然だと思います。だったらもうそんな社会は無茶苦茶になって欲しいと思ってしまう。

　イラクなどでも、やはりインフラ整備がすごく重要なんですね。新しい勢力が来てそこを支配した時に、その勢力が蛇口を捻れば水が出るようにしてくれれば、それに対して対抗する組織が来た時には「この世界を守ろう」と思って皆が自発的に戦うわけです。でも、支配した政治権力がインフラ整備を何もしなければ、結局その勢力を倒そうとやって来た相手に「こっちの勢力だったらもっと良くしてくれるかもしれない」と思ってそちらの味方をしてしまう。それがずっと続いています。

　だからやはり、できるだけ多くの人々にとって生きるに価する、また幸せだと感じられる社会が、結局は全ての人にとって安全で良い社会なのだと思いますね。

　血縁から地縁から町内会の地方自治体から国からインターナショナルなレベルまで、秩序維持の装置にはものすごく細かなレイヤーがあります。その中には、どうしても国が機能しないとどうしようもないレイヤーがある。そこが機能すれば他が機能しなくていいというわけではないけれど、国が機能しなきゃいけないところはあるのです。お金持ちの人たちは国に頼らなくても生きていけるかもしれませんが、国が保障しなければいけない層はありますから、国はその機能をきちんと果たさなきゃいけない。そして当事者はそれを活用していくことを当たり前の前提として持たないといけないと思います。貧困だって、サポートを受けて、一時的な問題として終わらせられれば、次の段階に進める。難しければ、サポートを受け続ければ良い。

　公務員バッシングは、天下りなどキャリア官僚に対する批判とか何もかもが一緒くたになっているのだと思いますね。ですから、先ほどの炎上のこととも関わるかもしれませんが、どういうことをしているのを分かりやすく伝える必要はまずあると思います。誤解や

偏見で批判されていることが多いと思いますし、井上さんがネットで書かれていることに対するコメントを見ても、公務員の労働組合の人間というだけで怒っている人もよく見ますよね。自分たちはどういう存在なのかということを、分かりやすくという言葉はあまり好きではありませんが、はっきり示していくことは必要でしょうね。その上で、ただ「丁寧に説明する」というだけでは現政権と同じですから、何が問題となっているのか、議論する必要もあるでしょう。

　財政的にもアイデンティティの拠り所としても、国家権力が今かなり動揺しています。弱体化していると言ってもいい。その反動として、権力を手放さずに強化していこうとしているのが今の現象で、それに呼応するようにナショナリズムも盛り上がってきているのだと思います。

　いろいろな秩序の中で国家権力が最も特徴づけられているのは暴力の独占です。それが反動的に強化されようとしている今、社会はいろいろな形でそれを抑制しながらバランスをとっていかなきゃいけない。マスメディアも当然バランスを取らなきゃいけません。労働組合も、そもそも大きな権力に対してむき出しの一個人が曝されないように団結しようというところから始まっているわけですので、そういう時代の中での意義を上手く説明できれば、より広く受け入れられるのではないかと思います。

特集 **官製ワーキングプア**

非正規国家公務員をめぐる問題
―― 歴史、現状と課題

法政大学名誉教授
早川征一郎

はじめに

　正規採用の常勤の公務員と非正規採用の非常勤の公務員は、一方で、全体の奉仕者である公務員としての諸々の服務義務では「平等」が要求されるが、他方で、非常勤の公務員の身分の不安定さ、常勤の公務員と比べた処遇の格差などの「不平等」が長年、厳然として存在し続けている。

　近年、こうした非正規の公務員については、民間における非正規雇用労働者の増大、ワーキングプア（働く貧困層）の増大になぞらえて、"官製ワーキングプア"という呼び方が定着するまでに至っている。

　本稿の課題は、とくに国における非正規公務員に焦点を当て、それが生み出された歴史的由来、現状と問題点、その問題解決のための政策上および運動上の課題などについて、俯瞰的に考察することにある。

はやかわ　せいいちろう　1938年新潟県生まれ。法政大学名誉教授。専門は社会政策・労働問題。主な著書に『公務員の賃金』（旬報社）、『公務員の制度と賃金』（大月書店）、『国・地方自治体の非常勤職員』（自治体研究社）、『国家公務員の昇進・キャリア形成』（日本評論社）、『イギリスの炭鉱争議（1984〜85年）』（御茶の水書房）、共著に『国・地方自治体の非正規職員』（旬報社）など。

1 歴史的経緯＝厳しい定員抑制とその継続

　まず歴史的由来の始まりは、レッドパージの意味をも併せ持った1949（昭和24）年の定員法制定にある。定員法に基づく大量行政整理の結果、公務員の数は厳しく抑制された。この結果、"常勤的非常勤職員"と呼ばれる非正規の公務員が創出され、年々、累積されていった。この定員法と非常勤職員の累積の関係について、浅井清・初代人事院総裁はかつて次のように述べている。

　「［定員法が］制定されて以来、同法による公務員（常勤職員）の定員のわくは、……はなはだ厳格に守られたのみならず、行政整理の声とともに、定員減少の方向にこそあれ、その増加は望むべくもなかった。その結果、二つの抜け道ができて、同法の固い壁を破りはじめた。つまり常勤職員の不足を非常勤職員で補充しようとするためである。

　その一つは、非常勤職員の一部が、暫次常勤職員の領域に進出して、常勤職員の勤務形態をとり始め、『常勤的非常勤職員』という、その語自体すでに矛盾するような公務員が生じたことである。」[*1]

　この定員法はその後、1969（昭和44）年の総定員法および行政機関職員定員令へと引き継がれた。さらに総定員法の施行と相まって実施された常勤職員の定員削減計画は、今日もなお連綿と続けられている。

　そうした厳しい定員抑制とその継続によって、常勤職員の人数は抑えられ、職場における要員不足は常態化した。非常勤職員制度は、厳しい定員抑制政策の歴史的産物であった。

　もちろん、たとえば郵便局の年末繁忙のごとく、臨時的一時的な業務の繁忙に対処するため、臨時・非常勤職員を必要とすることは避けられない。だが、常勤職員の要員不足に起因する日常的な繁忙に対処するために非常勤職員制度を導入し、その実態が改められないまま今日に至っているのが、そもそもの歴史的経緯であり、それこそが問題であった。

　それ故、職場における要員不足問題、ひいては常勤職員の定員問題をどのように考え、解決するかが、歴史的経緯に由来する政策上の課題である。このことをまず確認し、以下、非常勤職員問題の現状分析に移ろう。

---

*1　浅井清『国家公務員法精義』（学陽書房、1970年）、57頁。第二の抜け道は、「2カ月以内の期間を定めて雇用される」"常勤労務者"制度が、定員の枠外にあったため、これを活用することにあった。その後、1958年度以降、定員化された。

2　高い非正規職員への依存度

　現在、一般職の常勤の国家公務員約24万人に対し、非常勤の国家公務員は約14万人いる[*2]。そうした非常勤の国家公務員のうち、委員顧問参与等職員および法務省に特有な保護司を除くと、約7万人となる[*3]。そのうちの大部分、すなわち事務補助・技術補助・技能・労務職員、医療・教育・専門職員あるいは厚生労働省に特有な職業相談員等は、常勤の国家公務員と仕事内容が重なっている。

　そうした非常勤職員を雇用形態別に見ると、期間業務職員とその他の職員に区分される。期間業務職員制度は、2010（平成22）年10月、1949年の定員法施行の翌年に設けられた日日雇用職員制度が廃止され、それに代わって導入された。

　この期間業務職員は、2014（平成26）年7月1日現在、約3万人（29,952人）いる。うち事務補助職員が8,641人で29％、約3割を占める。省庁別では、国土交通省（3,857人）が断然多く、ついで法務省（684人）、厚生労働省（603人）、内閣府（558人）、財務省（411人）の順となる。そのほか、事務補助職員以外で特記すべきは、厚生労働省のうちハローワークの職業相談員等を主に約1万7千人の期間業務職員がいる。

　主として「定型的な業務を行う職務」と定義されている行政職㈠俸給表1級適用の常勤職員数（10,014人）と比較すると、事務補助の期間業務職員数（8,641人）は、実にその86％にあたる。国土交通省の行㈠1級適用職員数は1,722人であるから事務補助職員である期間業務職員数はその2.2倍を超える人数となる。

　厚生労働省では、行㈠1級だけでなく2級適用[*4]の職員数を加えた常勤職員数4,144人に対し、事務補助職員および職業相談員等の期間業務職員数（17,769人）は実に4.3倍に達する。"ハローワークは非正規職員の働きで維持されている"と言われるのも、この比率から肯ける。

　この2つの省は、非常勤職員数の比率が際立って多い省であるが、省庁別に偏在があるとはいえ、全体として非常勤職員への依存度はきわめて高いということがいえる。

　そうした期間業務職員の性別内訳は、政府統計では明らかではないが、地方

[*2]　以下、内閣官房内閣人事局『一般職国家公務員在職状況統計表』（平成26年7月1日現在）による。
[*3]　委員顧問参与等職員および保護司は、原則として本来は、その仕事内容において、いずれも常勤の国家公務員とは重ならないものとして、ここではひとまず除外して考えることにしよう。
[*4]　行㈠2級は、「主任の職務」ないし「特に高度の知識又は経験を必要とする業務を行う職務」である。

公務員についてのこれまでの自治労調査や国公労連の非正規職員アンケートなどから推測すると、ざっと男性2割、女性8割と推測され、圧倒的に女性が多いのは間違いないであろう。

別に言いかえれば、日常のルーティンな業務（とくに定型的業務）の遂行に不可欠な存在であるのが、類似官職に常勤職員がいる場合の非常勤職員とりわけ期間業務職員である。その人たちの働きを抜きにして、国の日常的な行政事務の遂行はおぼつかない。

厳しい定員抑制ひいては職場における要員不足と非常勤職員への業務の依存度とは高い相関関係にある。

3　不安定な雇用保障

期間業務職員である非常勤職員の場合、まず問題なのは、その雇用の不安定さである。「相当の期間任用される職員を就けるべき官職以外の官職である非常勤官職であって、一会計年度内に限って、臨時に置かれる官職に就けるために任用される」[*5]のが本来の建前である。だが、本来の建前と違って、実際に就いている官職の仕事は臨時的ではなく継続している場合がほとんどである故、ここに任用更新＝勤務の継続の問題が発生する。その場合は、「連続2回を限度とするよう務める」[*6]とされている。このことから、3年という「雇い止め」の問題が発生する。

期間業務職員制度が導入される以前の日日雇用職員制度の場合、「非常勤職員の定員化の防止について」（1961.2.28）という「閣議決定」によって、任用は一会計年度の範囲内に留め、任用更新を認めないとしたため、実際上、継続任用を行う便法として「任用中断期間」を設けつつ、同一人物の任用を継続することが慣行化された。

2010年10月に導入された期間業務職員制度の場合、もはや「任用中断期間」設定の必要はなくなったが、3年という期限での「雇い止め」問題が発生した。その実態はどうか。

例えば、他の省庁よりも期間業務職員である事務補助職員がダントツに多い国土交通省では、期間業務職員の一律3年「雇い止め」が行われている。

また、ハローワークなどで働く職業相談員等の期間業務職員が約1万7千人

---

* 5　人事院規則8−2、とくに第4条第13項。
* 6　前記人事院規則に基づく「期間業務職員の適切な採用について」（平22.8.10、人企972）。

もいる厚生労働省では、一律3年の「雇い止め」は行われていないが、更新3回目での公開公募は厳格に実施されており、その実施過程で「雇い止め」に至るケースが多々、発生している[*7]。

そのほかの省庁では、正確な実態は明らかではないが、概ね3年の「雇い止め」の運用がされていると言われている。

そうした「雇い止め」は、そもそも当該業務が「臨時に置かれる官職」に担われる業務ではなく、実は継続的な業務であるからこそ問題が発生しているのであって、「連続2回を限度とする」を機械的に適用し、「雇い止め」を行えば済む次元の問題ではないはずである。その肝心の問題解決をなおざりにしていることこそが、そもそも問われる根本問題である。

では、そうした不安定な雇用保障のもとで働いている場合の賃金はどうか。

4 低位な賃金水準

まず賃金であるが、実は賃金の実態を知ることができる政府統計自体が存在しない[*8]。そのことは注記にゆずるとして、賃金決定の仕組みは、①決定権限は、「予算の範囲内で」、各庁の長にあること、②賃金の決定基準は、「常勤職員との権衡」に依ること、③基本となる給与は、類似の職務に従事する常勤職員の属する級の初号俸を基礎に、職務内容、勤務する地域および職務経験を考慮して決定すること、④一定の勤務要件を満たす非常勤職員には、期末手当に相当する給与を支給することなどが規定されている[*9]。

では、実際の支給水準はどうか。表1は、法務省の事務補助職員についての法務省部内資料である。地域手当を含む時給856円（地域手当を除くと808円）は、2010年の地域最賃との比較では、地域手当を含めれば高位の東京821円、神奈川818円を上回る。結局、地域最賃はどうにか上回るが、公務員初任給水準と同じか、あるいは経歴換算でそれをやや上回るかといった水準である。年間で

[*7] 例えば、国公一般（国家公務員一般労働組合）のブログである『すくらむ』の以下の号を参照されたい。http://amebro.jp/kokkoippan/entry-11485147659.html、http://amebro.jp/kokkoippan/entry-11778165267.html

[*8] なぜ政府統計が存在しないかの理由はいろいろあるが、根本的には、非常勤職員の賃金は、予算制度上では「庁費」すなわち備品費、消耗品費、被服費、通信運搬費などと同列の「庁費」（物件費）のうち、「賃金」から支出されているという意味で「物」扱いであること、また厚生労働省の職業相談等の場合は「委嘱」の形式をとり、「賃金」ではなく、「謝金」であることなどが挙げられる。
　この点、詳しくは早川征一郎・松尾孝一著『国・地方自治体の非正規職員』（旬報社、2012年）、74頁を参照されたい。

[*9] 一般職の職員の給与に関する法律（昭和25.4.3、法95）第22条およびそれに基づく人事院のいわゆる「給与指針」（給実甲第1064号、2008年8月26日付）による。

【表１】法務省・事務補助職員（窓口整理要員等）賃金最低式 (2010年度：243日)

	時給	日給	通勤手当 (日額)	日給	月給	期末手当 (6月期)	期末手当 (12月期)	期末手当	年間 支給額
見直し試算 (行㈠1級1号棒÷7.75×6) (一般職の期末手当支給率)	地域手当含む 856	6時間勤務 5,136	15キロ以上1か月定期 366	日額＋通勤手当 5,502	111,280	1.25月 111,280	1.50月 133,536	244,816	243日 1,580,176

行㈠1級1号棒　135,600
地域手当　6％
出典：法務省資料

行㈠1級1号棒月額×1.06％(地域手当)
×12月÷38.75時間(7.75h×5)÷52週　　時給×(6時間×5日)×52週÷12月

※期末手当
月給×125/100又は150/100(期別支給割合)
×80/100(在職期間割合)(四捨五入)

引用者注：１）この算式式には、通勤手当の算定積算資料および社会保険料（厚生年金、雇用保険）の官負担分および官負担のみの児童手当拠出金の算定積算資料と金額も記入されている。そのうち、社会保険料および児童手当拠出金は、本人に支払われるものではないため省略した。
　　　　　２）地域手当は５級（６％）として算定されているが、勤務地により可変的である。

は、期末手当を含め約158万円であり、200万円にはとうてい達しない水準である。表２は、厚生労働省・ハローワーク非常勤職員の賃金例である。経歴換算の関係で、法務省の事務補助職員（窓口整理要員等）よりは高めだが、年収では200〜300万円程度である。

　その他の諸手当のうち、扶養手当、住宅手当、寒冷地手当は支給されない。これら諸手当をとくに除外しなければならない正当な理由は、非常勤職員は単身自活者か、あるいは被扶養者に限るとでもしないかぎり、とくにないと思われる。なお、退職手当は一定の支給要件を満たす場合は支給される。

　こうして見ると、基本賃金の低さが際立っている。実態的には、「臨時に置かれる官職に就けるために任用される」のではなく、恒常的継続的な業務を担う官職への任用であることを考慮すれば、基本賃金を引き上げ、かつ任用期間中の一定の昇給措置があって然るべきであろう。

　有期雇用であり、しかも職務給原則だから昇給はないとする考え方は、この場合、妥当ではない。有期雇用であっても、業務に継続性がある場合、職務内における賃率上昇（昇給）といった範囲職務給的な考え方が実態上、妥当であり、一定の昇給措置を講ずることはあって然るべきである。

【表２】厚生労働省・ハローワーク非常勤職員賃金例 (2013年度)

部門	勤務日数	勤務時間	日額	(月額換算)
ハローワーク各部門（職業紹介・雇用保険・専門援助・事業所部門等）	月20日勤務	7時間15分 〜7時間30分	7,700円 〜13,170円	154,000円 〜263,400円

出典：全労働資料
※注　上記額面は支払実績ではなく予算上の単価である。

5 非正規職員問題解決のための諸課題

　以上、非正規職員問題について、歴史的経緯に始まり、その現状と問題点の一端を指摘してきた。では、そうした非正規職員問題解決の政策上、運動上の課題はどのように考えるべきか。以下、紙数の関係で箇条書き的に記すことにしよう。

　第一に、厳しい定員抑制、少ない要員配置こそが根本問題であること、この点、いくら強調しても、し過ぎることはない。業務遂行に支障のない適正な要員配置を目指すとともに、総体としての公務員定員抑制の見直しが必要である。臨時的一時的な業務を非常勤職員でまかなうことは避けられないとしても、恒常的継続的な業務を非常勤職員でまかなうことが日常化しているのは、そもそも異常である。

　第二に、非常勤職員の思い切った本務化措置である。上記の定員の見直し、要員措置が、いわゆる定員化措置だとすれば、現在、働いている非常勤職員の本務化が必要である。この点、かつて高度成長期の1960年代、相当な定員化・本務化措置が行われたことが想起されるのであり、決して机上の政策課題ではない[10]。

　第三に、「雇い止め」の問題である。少なくとも恒常的継続的な業務を非常勤職員が担いその業務を問題なく遂行している場合、3年任期の一律「雇い止め」は、あまりにも機械的に過ぎる。しかも、その業務について、さらに公開募集などで他の人を補充し、継続する場合がほとんどであるとすれば、その場合、「雇い止め」があたかも自己目的であるかのようになってしまい、「雇い止め」自体の正当性が失われる。その点に鑑み、少なくとも本人の意に反する「雇い止め」は、極力、解消することが望ましい。

　ここで、先に述べた二つの課題＝定員化・本務化措置と第三の課題＝「雇い止め」問題の解決との関係について言えば、継続的な業務には、それに見合った定員・要員の配置を行うという本来あるべき措置が行われていれば、原理的には「雇い止め」問題は発生する余地がないはずである。定員化・本務化という根本的な政策課題を実現することによって、「雇い止め」問題の解消は実現可能なのである。この点を再度、強調しておきたい。

　第四に、賃金・労働諸条件など処遇の改善である。とりわけ、基本賃金であ

---

[10] この点、詳しくは、早川征一郎・松尾孝一『国・地方自治体の非正規職員』（旬報社、2012年）、とくに第1章を参照されたい。

る。地域最賃は上回るが、ほぼ初任給水準のまま、1年を超えて業務を継続しても据え置かれるのは「常勤職員との権衡」の原則からしても合理性を欠いている。諸手当とくに住宅手当、扶養手当、寒冷地手当などの不支給は、単身自活者、被扶養者を任用（採用）の前提としているのでないかぎり、やはり合理性を欠いている。

総じていえば、均等処遇およびジェンダー平等の原則に則り、賃金・労働諸条件など処遇の一層の改善が必要であろう。

最後に、労働組合についていえば、非常勤職員の一層の組織化が課題となるのはいうまでもない。組織化にあたって、国公一般のような個人加盟方式や全労働のような特別組合員制度など、実情に則して組織形態の工夫はあり得るであろう。

また、例えば都道府県など地域や全国的規模など、もっと大きな組織の広がり、交流なども組織上、運動上の課題であろう。すなわち地方自治体における約70万人と見こまれる非正規職員など公務関連労働者を中心とする運動との連帯、共同行動の一層の拡大などが展望される課題である。

とくに定員化・本務化などの政策的課題は、個々の職場、省庁レベルでの取り組みとともに、大きな運動の広がりと高揚のなかでこそ達成可能な課題であることを考えれば、そうした主体的力量の強化が、現在、一層の重要性を増している。

あとがき

なお、本稿に述べた公務員の定員問題と非常勤職員制度の歴史的経緯、非常勤職員の現状および解決を要する諸課題などについては、併せて早川征一郎・松尾孝一共著『国・地方自治体の非正規職員』（旬報社、2012年）を参照していただければ幸いである。

座談会 官製ワーキングプア
国が生む貧困と行政劣化

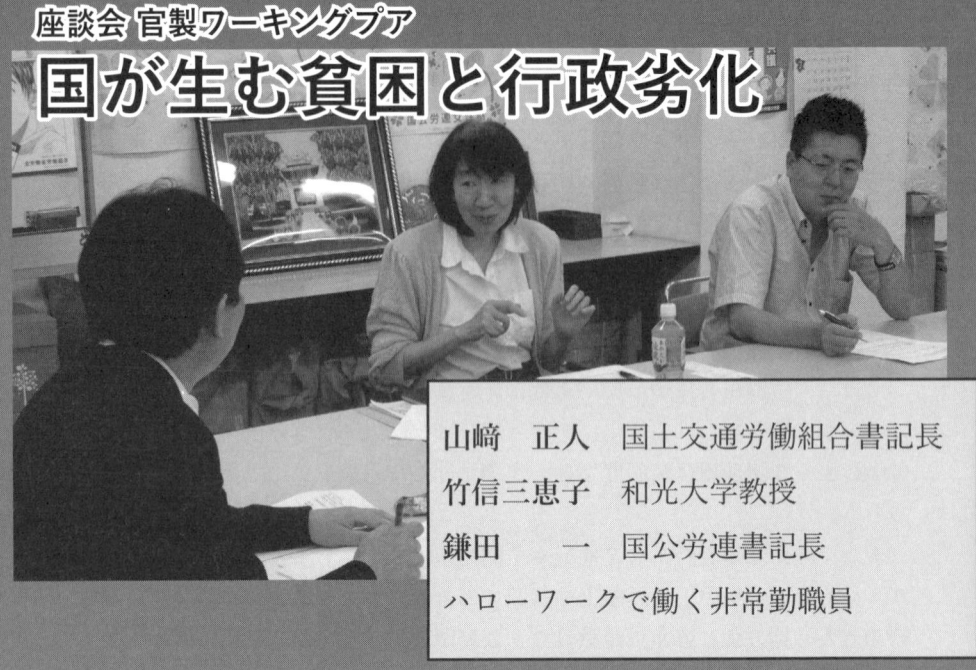

山﨑　正人　国土交通労働組合書記長
竹信三恵子　和光大学教授
鎌田　一　国公労連書記長
ハローワークで働く非常勤職員

厚生労働省の非正規率は5割近い

鎌田　現在、国の行政機関で、実際に職場で勤務していると思われる非常勤職員の数は約7万人です（表1参照）。各省とも2割以上、厚生労働省は5割近く、多いところでは7割近い。雇用形態別に見ると、表2のAが期間業務職員で、常勤職員に近い勤務形態の方々です。Bは常勤職員の勤務時間の4分の3以下の方。このAとBで大きく区分されています。

　非常勤職員ができた歴史的な経過は、国の定員管理と結びついています。実は1961年、常勤化防止の閣議決定を行った頃に、常勤に近い非常勤職員を全て定員化しました。そこで一端問題は解決したはずなのですが、その後定員削減を進めていく中で各省とも非常勤職員を雇用せざるを得なくなり、現在に至っています。

　非常勤職員の制度は、国家公務員法のどこにも規定されていないため、労働条件は各省の判断で決められています。しかし国家公務員という位置づけなので、労働基本権が与えられていない。労働基準法の適用もない。けれども人事院勧告の対象にもされておらず、代償機能が一切働いていない労働者という"法の狭間"に置かれてしまっているわけです。

【表1】国の行政機関の非常勤職員数・割合

府省庁名	非常勤職員数	割合（％）	府省庁名	非常勤職員数	割合（％）
復興庁	354	67.8	国土交通省	9,958	20.3
文化庁	212	48.1	特許庁	628	19.2
厚生労働省	27,011	47.1	宮内庁	196	17.4
中小企業庁	147	43.7	観光庁	20	16.5
消費者庁	176	38.0	総務省	747	13.6
農林水産省	8,996	35.3	気象庁	69	13.6
内閣府	1,124	33.4	警察庁	1,153	12.5
林野庁	2,239	31.7	国税庁	6,650	11.0
内閣官房	380	29.5	財務省	1,578	9.5
文部科学省	624	25.3	法務省	4,479	8.6
環境省	560	24.5	その他	1,031	—
経済産業省	1,287	22.2	合　計	69,619	20.7

（注）1. 2014年7月1日現在。
2.「非常勤職員数」は、総務省資料の非常勤職員数の合計141,139人から「委員・顧問・参与等職員」と「保護司」を除いたもの。各府省庁も同じ。
3.「割合」は、府省庁ごとの一般職国家公務員の常勤・非常勤職員合計に対する非常勤職員の占める割合。

資料：総務省「一般職国家公務員在職状況統計」

【表2】雇用形態別、職名別非常勤職員数　　　　　　　　　　　　　　非常勤職員

職名＼雇用形態	事務補助職員	技術補助職員	技能職員	労務職員	医療職員	教育職員	専門職員	統計調査職員	観測監視等職員	委員顧問参与等職員	その他の職員	計
A－イ	5,130	96	299	106	577	—	995	—	—	—	307	7,510
A－ロ	3,511	25	563	31	63	1	654	236	—	—	17,358	22,442
B－イ	12,399	933	668	350	3,635	337	1,647	4,484	1,111	19,075	57,348	101,987
B－ロ	1,320	178	448	12	137	14	63	2,349	—	3,834	845	9,200
計	22,360	1,232	1,978	499	4,412	352	3,359	7,069	1,111	22,909	75,858	141,139

（注）この統計表で用いられている雇用形態別の分類は、次に示す基準によって行われている。
　［A］：人事院規則八－一二（職員の任免）第四条第十三号の期間業務職員
　　［A－イ］：［A］の職員であって、常勤職員に準じた勤務形態で勤務した日が十八日以上ある月が引き続き六月以上である職員
　　［A－ロ］：［A］の職員であって、［A－イ］以外の職員
　［B］：期間業務職員以外の非常勤職員
　　［B－イ］：［B］の職員であって、その職員について定められている任期が六月以上であるもの及び任期の定めのない職員であって引き続き六月以上勤務したもの
　　［B－ロ］：［B］の職員であって、［B－イ］以外の職員

　雇用については、期間業務職員制度ができて更新が可能になりました。それでもなお、一方的な雇い止めが後を絶たないということで、不安定雇用にさらされています。今回は、こうした国家公務員の非常勤職員の実態を座談会で少

しでも明らかにしていきたいと思っています。
　最初に、国家公務員と同じ勤務形態である自治体の非常勤職員の状況について、官製ワーキングプア問題に詳しい竹信先生からお話を聞かせてもらえればと思います。

竹信　自治労が2008年に初めて行った本格的な全国調査で、自治体の非正規職員は、全国の自治体職員の28％にのぼり、時給も900円未満が5割を超えていました。非正規の方が比率が高い自治体が、この調査で29もありました。
　分野的には、ケア的公務と意思決定する公務があると思います。意思決定する公務は、判子をついて行政の権限を行使して何かを決める業務。ケア的公務は、住民と直接対応する業務です。たとえば窓口業務や介護、給食の調理員や図書館司書など、少し前までは自治体の直接雇用職員だった職種が、非常勤化し、今はほとんど委託になっている。ジェンダー視点で見ると、「夫がいるから女はボランティア的な働き方でも食べていけるだろう」という考え方が根強いところから、女性を中心に行われていたケア的な、しかも住民にとって最も重要な対面するような公務から非常勤化していき、奥に座って決済をする、いわゆる"男らしい公務"が常勤として残っている。
　その結果何が起きているかというと、住民と対面して直接的な情報を吸い上げるパイプがつまってしまったということです。たとえば年金の相談員が非常勤になっているケースが多いですね。年金の相談は話が長く、苦情を言われることが多い。でも、一定の仕組みの中で動いているので、職員にはどうしようもないことが少なくない。悪いのは、そこで聞いた苦情を伝えるなとか、わかっている分は自分たちで処理しろとか、面倒なので非正規職員にお任せにしてしまう例をしばしば聞くことです。そうすると、住民情報が意思決定に関わる常勤の公務員にまで届かない。それは住民にとっても良いことではありません。

鎌田　住民の実情が正確に把握できなければ、良い施策ができるわけないですね。

竹信　そのパイプ役が、本来はケア的な公務だったと思います。なので、ケア的だからといって非正規化したり、委託化することは、注意が必要だと思います。

鎌田　ケア的業務は国家公務員にもかなりあります。ハローワークなどまさに似たような状況ですね。

竹信　デンマークでは、介護など民間の人が関わっている場合でも、責任の所

在は常勤の公務員にあることがはっきりしていると聞きました。一方で日本の公務員の非正規化や民営化は、責任の所在もあいまいな形になってしまいがちです。そこが大きな問題ではないでしょうか。

鎌田　そうですね。それでは、非常勤の仕事が実際どのように行われているかということについて、全労働省労働組合の鈴木さん（仮名）と、国土交通労働組合の山﨑さんに伺いたいと思います。特に鈴木さんには、非常勤職員の立場から気になる職場の問題や業務運営、人事管理など、率直なご意見をお聞きしたいと思います。

ハローワーク窓口の大半は非常勤職員

鈴木　現在私は職業訓練の窓口を担当しています。その他にDV被害者や防止寮に入所している方など、ナイーブな環境の方々の職業紹介や訓練相談も担当しています。

　私の部署には、常勤職員が3人在籍しており、そのうち1人が窓口を担当しています。非常勤職員は13人います。窓口では、職業訓練やその他の支援につないだり、職業相談を行い、紹介状の交付なども行っています。

　ハローワークの職員の中には、メンタル疾患で、通院治療や休職する方もいます。その分、非常勤職員が業務をカバーしているため、繁忙期にはくたくたになってしまいます。

　また、繁忙期には、職業紹介窓口にかなりの利用者が来所されるので、他の部署からも応援を求められます。何でもやりますという部署に変身するわけですから、当然制度や助成金等の知識も要求されます。そうなると非常勤職員は、かなりの知識と経験が求められます。

鎌田　常勤職員は窓口業務にまったく関わっていないのですか？

鈴木　ハローワークで常勤職員が窓口対応している部署は、雇用保険関係ではないでしょうか。他の窓口は、大半を非常勤職員が対応しています。常勤職員の方は、ほとんどが裏方で作業しています。管理や指示など細かい資料作成に忙しいのではないでしょうか。

　窓口では、利用者から苦情をかなり言われます。他の部署の窓口で「おまえらは税金でメシを食っているくせに何の説明もできんのか」など、大声が響き渡ることも多々あります。その時、常勤職員の方が代わることもありますが、常勤職員の人数が極端に少ないためにそのまま非常勤職員に任されることも少

なくありません。その後に常勤職員に報告することになっています。どの部署もだいたい同じ対応と聞いています。

　常勤職員が即対応してくれることを望んでいますが、危機管理も自分で対応せざるを得ない体制で業務をこなしているのが現状なので、現実は難しい状況です。

　業務の改善などの要望に関しては、次年度の更新の際のヒアリングの時に要望を言っています。意見を聞いてもらえる数少ない機会です。

鎌田　そうすると先ほど竹信さんの指摘があったように、窓口業務の一時的な責任は、ほぼ非常勤職員にかかっているということですね。

鈴木　ほとんどそうです。たくさん寄せられた苦情も他の職員に知らせるようにするかどうかについても私たちの判断になっていることが多いです。

鎌田　一般の利用者からすれば、誰が常勤職員か非常勤職員か分からないですよね。

鈴木　そうです。非常勤職員は、多種多様な職種を経験しているため、リアルにそれぞれの求職者に沿った相談をしていると思います。

　また、今年6月から「求人充足会議」が開始されました。以前は、職業紹介業務の部門で実施されていましたが、今年から他の部門も常勤職員と非常勤職員の1チーム6人の構成でも求職者と事業所の求人とのマッチングができるように活動することになりました。郵便で求人票を送付したり、電話で案内したりなど様々な方法で就労につながる活動を行っています。

　求職者からみたら常勤か非常勤か、区別できないと思います。

鎌田　非常勤職員が専門性の高い仕事をされているわけですね。続いて山﨑さんには、国土交通省の期間業務職員の業務内容を表3にまとめていただきました。特徴的なところを聞かせてください。

山﨑　国土交通省で働く期間業務職員の部署には、建設、港湾、運輸、航空局などいろいろなところがあります。業務内容は、基本的には一般事務補助という形で募集されていて、単純補助業務的なものが基本です。ですので、国土交通省では、期間業務職員が直接窓口対応をすることはそれほど多くありません。

　例外的に窓口業務があるのは、河川や道路管理、改築の出張所です。だいたい出張所長を筆頭に、工務係長や管理係長など数名が勤務しています。そういった所では、正規職員は道路・河川ののパトロールや、工事現場があれば工事監督に行くという形で毎日外に出ていることが多い。その間は、期間業務職員

【表3】期間業務職員の業務内容（国土交通関係）

整備局（建設）	お茶くみ（意識が高い職場では個人で対応） 勤務時間管理簿整理 印刷作業 資料作成・整理 データ整理 正規職員の業務手伝い 図面作成補助（工事発注用：着色作業など） 　※CADなどの資格を持った者に対しては、図面作成そのもの 会費等徴集（互助会費など） 物品管理 広報業務（職場見学案内など） 郵便物発送・受付 事務所長等スケジュール管理・受付（秘書的業務）
（出張所）	職員が少ないため、出払っているときの留守番（苦情対応など全般）
（地理院）	地図修正（本来は測量士・補の資格が必要） →日本の基本図として公表するもの
整備局（港湾空港）	船舶（海洋環境畝、港湾業務艇など）の運航……行二職員と同業務 自動車運転……行二と同業務（募集して応募がなければ委託） 幹部職員の秘書業務 広報業務（職場見学案内など）
運輸局（陸・海）	お茶くみ（局長、局次長、来客）……職場では基本個人 文書の発送・受付 窓口業務（各課全般） 電話応接 会議会場設営補助
航空局	勤務時間管理簿整理 共済組合事務 CADによる図面作成（空域図作成）……オペレータとして委託 物品管理 文書受付 正規職員の業務手伝い

　が、道路相談窓口や河川相談窓口で業務を行います。こうした窓口業務では、とりわけ地域住民からの苦情などへの対応を余儀なくされているという問題があります。

　港湾では、通常、行政職（二）の資格を持った職員が船舶乗組員として船に乗っていますが、それを特殊な形態として非常勤職員が担っています。非常勤職員の応募がない場合は、委託に変わっていくということです。また官用車運転の自動車運転手も行政職（二）の不採用方針があるので非常勤または委託で対応しているという状況です。

建設の職場では、期間業務職員が図面の作成を手伝っています。一般事務補助で入ってきて同じような賃金形態であっても、たとえば図面作成のCADというソフトができる方は重宝に使われたりもしています。現在は以前と違って応募してくる方の幅が広がっていますので、かなり高学歴あるいは高資格の方が入ってこられて競争率も上がっている状況があります。一般事務補助として採用しておきながら、当局としてもそこに甘えて、上手く使っているなとも感じます。

鎌田　国土交通省の非常勤職員には、採用の時に資格要件を求められることはあるのでしょうか？

山﨑　採用については、それぞれの機関の長が採用権も持っていますので、そこでの面接によって決まります。応募要件もそこが主体的に出しますから、それぞれ違うんですね。基準もない。たとえば応募要件にエクセルとワードが3級レベルであることとか、それぞれ違います。

非常勤の業務に必要な資格取得に自費30万円？

鎌田　ハローワークの非常勤職員は専門的な職種が多いですよね。ハローワークは、正規雇用の求人・求職も扱い、カウンセリングも行う職場ですが、そこがほとんどが非常勤職員というのはあまり知られていませんね。何か資格等を求められることはありますか？

鈴木　ハローワークの非常勤職員の公募の求人票には、応募条件が「産業カウンセラー資格」「キャリアコンサルタント資格」「総務・人事業務の実務経験3年以上」との条件があります。そのために、「良い仕事をしたい」という思いとあわせて、次の公募のために自費で資格を取得しています。さらに他の資格を取得する非常勤職員もいます。公募の条件が資格ありきになっているので、資格のない非常勤職員は焦りを感じるわけです。

鎌田　キャリアコンサルタントなどの資格は、簡単には取れないですよね。

鈴木　実務が5年以上ないと技能検定の受験資格がなかったり、産業カウンセラーの資格がないと受験できないこともあります。

鎌田　資格を取得するのに費用もかかりますよね。

鈴木　産業カウンセラーだけで30万円くらいで、キャリアコンサルタントも同じくらい必要になります。もちろん自費で、しかも産業カウンセラーの資格は、資格取得後も更新のためのポイントを確保するための研修も実施されていると

のことです。

鎌田 非常勤職員の業務に必要な資格をすべて自費で取れというのはひどいですね。こうした資格は実際の窓口業務に役立ちますか？

鈴木 私自身、資格は取得していません。現在9年目ですが、職業相談からマザーズサロン、農業の就労支援、日雇い保険業務、雇用保険のワンストップ業務、職業訓練の基金訓練から支援訓練、公共職業訓練など、様々な実務を経験したおかげで、現在、相談業務に対応できると思っています。資格のあるなしではなく、経験が重要と感じています。しかし、公募の応募条件が資格取得者ありきになっているのは、現場を知らない上層部の発想ではないでしょうか。

竹信 30万円もかけて資格を取って、非常勤職員の賃金水準では大変ではないですか？

鈴木 ハローワークの非常勤職員の賃金は、日額1万3,000円と、1万円、7,700円の3種類の体系ですが、7,700円の非常勤職員も産業カウンセラーの資格取得にがんばっている方がいます。1年間かけて講習を受け、受験しても公募する際には、まだ合否の結果が出ていません。結果が出る前に失職している方もいます。何のためにお金をかけて資格に励んでいるのか、そこまでして資格取得は必要なのか疑問を感じます。

鎌田 職業訓練の仕事をしながら、自らの職場の職業訓練には責任を持たないというのは矛盾していますね。

竹信 そうした状況はなかなか改善されないのですが、少しずつ変わってきている部分もあります。

まず、「官製ワーキングプア」という名前をつけて、この現象は社会問題だと告発してきた効果はあったということです。小泉政権のときに三位一体改革などで自治体の財源が削減され、「民ができることは民で」として、官製ワーキングプアが急速に増えた。その頃、住民は「税金は安い方がいいに決まっているし、公務員なんて贅沢しているんだから、非正規をいっぱい入れた方が住民にとってプラスになる」と言っていたわけですね。そこで、貧困対策をしなければいけないはずの国や自治体が、必死で働いても食べられないワーキングプアをつくっていいのかと、視点を転換させたわけです。

そこで行政は、直接雇用にすると官製ワーキングプア批判が自分たちのところに来てしまうので、可能な業務は委託にしてしまう。そうすれば、官製ワーキングプアは委託先の会社が悪いんだと言えるわけですね。つまり雇用責任を

逃れるための委託です。しかも入札を繰り返すと価格が低いところへ低いところへと流れ、もともと人件費が経費のほとんどを占める仕事が多いので、賃金にしわ寄せが行って、ものすごく安い賃金になってしまう。施設管理が典型的で、皆で良い掃除をしようとがんばっても、次の入札期になると、極安の会社が落札してしまう。努力が待遇に反映しないばかりか、働き手をいじめる企業が仕事を取れるということになる。これも官製ワーキングプアの大きな原因になっているとの問題提起が効いて、今度は、価格だけでなく、働き手の労働条件を含めた質的な審査をしなければいけないというところまで、それなりに変わっては来たのですね。

　今、私がかかわっているNPO法人「官製ワーキングプア研究会」で案が出ているのは、「ブラック自治体」キャンペーンです。厳密に言えば、非正規公務員でも労働災害の適用や退職金、交通費などを受ける権利がある。にもかかわらず、そうした適用をネグっている自治体を調べ、「ブラック自治体」として発表するといったことができないか、というアイデアです。この運動によって、退職金や交通費などは非正規公務員だからといって受けられないわけではないという観念を、住民にも普及させたいということです。

「小さな政府」を問い直す

鎌田　やはり大元にある問題は、人件費を削減して効率化だけを求めている構造だということですね。
竹信　「小さな政府」を問い直すところまで踏み込まないと良くならない。そこで怯んでいてはダメだと思います。
鎌田　民間委託は行政サービスの質を下げる効果しかないということが明らかになってきましたからね。骨太の方針（6月30日閣議決定）の中の「公的サービスの産業化」はひどいですね。
竹信　「公共財産を売却して赤字を解消せよ」というのも入っています。一般の人は公共財産とは何かをきちんと教えられていないので、公務員の天下りのためにある、くらいにしか思っいない。でも、公的施設や土地は住民の共有財産ですよね。それを企業に格安で売り払うことにもなりかねない。自分たちの財産が大金持ちの企業組織に安く売り払われて、損させられるかもしれないという視点がない。骨太の方針には「行政サービスを『成長の新たなエンジン』に育てる」とあります。しかし、もともと公共サービスは、利益追求を本分とす

る企業にはできない、「利益にはならないけれど人権や生存のために不可欠なこと」を、国民から税という「浄財」を集めることで手当しようというものです。公共というものへの無知そのものの発想ですよね。住民に、本当にそれでいいのと問い直していく必要があります。

鎌田 次に、賃金手当などの労働条件問題に話を変えていきたいと思います。そもそも非常勤職員の賃金は、国家公務員給与法の第22条で「常勤職員との均衡を考え考慮し、予算の範囲内で支給する」と規定されています。しかし実際には十分でないという私たちの指摘に対し、人事院が2008年にガイドラインを示しました。その中には「職務内容や経験を考慮して給与を決定する」とされています。現実はどうなんでしょうか。民間では雇用契約法が改正され、不合理な労働条件の相違は禁止されていますが、公務はどうやらまだまだそれが続いているようです。同じ職場の非常勤職員の意見や要望も含めてお聞かせいただきたいと思います。

鈴木 業務内容や予算等の関係で賃金単価が頻繁に変わっていますが、非常勤職員は更新されても雇用された時点の賃金が変わらないために、隣同士で並んでいても経験に関係なく賃金に違いが生じています。仕事内容が大きく違うわけではないので、やはり不満がたくさん出ています。

　夏冬のボーナスや退職金が欲しいという気持ちもあります。本省の非常勤職員は、常勤職員と同じ勤務時間で、私たちより15分余分に勤務しているだけで、一時金と退職金支給の対象になっているのです。私たちは8時半から5時までの勤務ですが、実際の業務が終わるのは5時半頃です。超勤の申告はしない程度に残って処理をしていることが多い。つまり残業扱いにはしていませんが、15分は超えているのが普通なのですが、退職金の支給対象になっていない。そうことへの不満は強いですね。

　さらに私たちは、今から2年前の2013年4月1日から、常勤職員の地域手当の支給区分に準じて単価が変えられて、私は日額790円も賃金が下がりました。地方と都市部の業務がどれだけ違うのかを明確にして欲しい。地方の大根1本と東京の大根1本がどう違うのか。1日790円賃下げですから20日勤務で1万6,000円くらい減額なんですね。それはすごく不満です。

　また、常勤職員の方には夏休みがあります。非常勤職員には夏休みが与えられていないので、人数が限られる中、私の部署では常勤職員の方が不在の時もあるのです。「今日は非常勤だけだね。さぁ何かあったらどうしよう」と不安に

なり、そういう時に限って、ハローワーク出入り禁止になっている人が騒ぎを起こしたりする。注意できる常勤職員がいないので、私たちのところまで勝手に入って来て危険な状況になってしまったこともありました。
鎌田　危ないですね。
鈴木　危ないですよ。常勤職員の方がいない中で仕事をするのは不安ですし、恐怖心があります。そうした不安と、「常勤職員は夏休みが取れていいねぇ。だけど私たちは残業だねぇ」というやるせなさ。私たちは超勤手当をもらっても少しも嬉しくありません。逆に超勤が付けば付くほど、収入が増えるから税率が上がって手取りが結局は少なくなるのです。一体何のために働いているのか分からない。それでも目の前に利用者の方がいらっしゃると、「時間になりましたので帰ります」とは言えません。その辺をよく考えて欲しいですね。
鎌田　そうですよね。国土交通省はどうですか？
山﨑　処遇面については、いろいろな人から「他省庁に比べて国土交通省が一番良い」という話は聞きます。とはいっても、中身的には賃金のスタートとなるのが１級１号俸です。先ほど経験年数の話がありましたが、職場によっては１級１号俸を基本とし、民間経験や学歴を若干上乗せしてスタートする職場もあります。逆に、一般事務補助なので「そうした経験は関係ない」という判断で、１級１号俸をスタートにする職場もある。それぞれ職場の考え方によって取り扱いが違うという状況です。その上で、年度昇給は通常通りやっていくところがほとんどです。
鈴木　定期昇給しているんですか？
山﨑　はい。ハローワークはどうですか？
鈴木　一切ありません。非常勤職員には定期昇給がないのが当たり前だと思ってました。ハローワークでは、毎年４月に入ってきた非常勤職員と、10年選手の非常勤職員は同じ賃金です。入ってきたばかりの人は何もかも分からないわけですから、何カ月かは指導しなきゃいけない。その指導もベテランの非常勤職員が行うのですが、それで同じ賃金ですからとてもむなしくなるんですね。
鎌田　それは職務給原則に反していますね。均等待遇とはほど遠い世界ですが、竹信先生はこうした状況は賃金差別だと言われていますね。

非正規の差別待遇が冷酷化する公務

竹信　職務給原則はすごく重要です。それがないと、職務内容が賃金に反映さ

れないので、たとえば技能を磨こうというインセンティブも働かなくなります。以前、東京都の非常勤の消費生活相談員問題が話題になりましたね。消費生活相談員は5年経ってようやく一人前になるのだそうです。様々なケースの経験を積まないと一人前になれない。それなのに、短期契約の非常勤をあてている。それまでは、何回も契約を更新して事実上長期雇用ができるようにしてしのいでいたのに、いきなり契約の上限を5年にすると、決めちゃったわけですね。それで、どうやって消費者行政を充実させるのかとマスメディアにも報道されるはめになった。職務は、ILO（国際労働機関）基準では、スキルの高低、責任の重さ、負担度、労働環境の過酷さといった4つの柱から評価することになっていますが、そうした職務評価の方法を持たないために、このような常軌を逸した状況が生まれるわけですね。

　これに加えて、公務の世界では、民間より冷酷だと思えるくらい非常勤職員に対する差別的な雰囲気があるような気がします。それは何だろうと思ったのですが、結局、公務員試験に合格しているかしていないかということが、正規職員にとってはすごく大きなメルクマールになっているんですね。だから、「試験も通っていない非正規と、なぜ同じ扱いでなければいけないんだ？」と常勤の公務員の人たちに言われることが結構あります。「だけど労働は、労働実態に見合った賃金評価が基本だし、仕事の中身で賃金が決まらないと職場全体がゆがんでしまう。実際の効用から見ても必要なことじゃないですか？」と言っても、混乱してしまうんですよ。

　労基法や民間企業の世界では、いろいろ問題はあっても、仕事の中身で働き手を見ようということは一応、原則です。公務の場合も、住民が必要とされる仕事を適正に遂行するには、試験より、働き手が実際何をやっているのかを見ていく必要があるはずです。それが試験にすり替えられ、試験に受かっていない人だから低待遇でも当たり前だと本当に善意で思っている。これが差別につながるわけです。だから非正規への扱いが冷酷化するのだと思います。

鎌田　やはり非常勤職員の職務評価をきちんとしないといけないと思います。その上で均等待遇を具体化することの方が実効性があるのではないかと考えています。均等待遇ということだけを求めていても政府も人事院もまったく動かない。やはり人事評価ではなく、非常勤職員の職務をどのように評価していくか？など、具体的なものに突っ込んでいかなきゃいけないと思います。また地域間の賃金格差が公務でも広がって、非常勤職員の賃金も地域間で差をつけら

れ始めていますね。これは職務給の原則からして問題です。

竹信　職務評価は、運営する側にとっても必要です。それによって、誰がどういう仕事をしていて、どういう塩梅にすれば一番効率的な運営ができるかが分かるわけですから。ただ、経団連の報告書にあったように、全く職に関係ない使われ方をする危険性もある。そこを騙されない、また、危なく使われないように見張らなきゃいけないということが1つ。2つ目は、最低賃金に地域間格差があるという問題です。

鈴木　私の県の最低賃金はDランクで、700円を下回っています。求職者に「どれくらいの賃金を希望されますか？」と聞くと、「じゃあ700円でいいです」と言うんですね。

竹信　そうですよね。地方から若い女性をはじめとする若者たちが東京に逃げて来ちゃうのは、全国一律最賃じゃないせいだという指摘があります。同じ仕事をしていても地域を変えればあっというまに賃金が上がる。生活費がさほど変わらなければ、それは出て行きますよ。最賃を生活できるレベルにまで引き上げて、だれもがまじめに働けばやっていける仕組みを作りつつ、同時に同一労働同一賃金による公平性を保つ、という両睨みで挟んでいく必要があるかなと思います。

鎌田　非常勤職員の処遇で一番問題が多いのは、雇用の問題です。国には雇用契約法の適用がありませんが、ようやく期間業務職員制度ができて、1年以内有期契約ですが更新ができるようになりました。しかし一方で予算の都合や公募要件があり、職場で様々な問題が生じていると聞いています。国公労連に国公一般という労働組合があり、そこに今年度50件の相談が寄せられました。そのうち28件が非常勤職員からで、しかも2～3月に集中しています。28件のうち19件は雇用問題です。たとえば「上司に業務改善の意見を言ったらクビにされた」などパワハラと雇い止めがセットになっている相談が最近は多くなっています。「お前は公募に応募するな」と言われて、応募できず退職させられてしまったり、「窓の換気をしたら皆が寒くなった」というのが理由で雇い止め。ロックアウト解雇されたという事例もあり、このような雇い止めの相談が多く寄せられています。

鈴木　雇用問題は、言い出したら切りがありません。毎年12月を境として、毎日胃が痛くなります。同じ非常勤職員から泣きながら相談を受けたこともあります。毎年ヒアリングが行われ、そのたびに「来年は雇用がないかもしれない」

と言われ、アンケートではどこの部署に行きたいかを聞かれ、「現状維持」「他の部署を希望する」「更新は希望しません」のいずれかにチェックする。それが毎年行われているにも関わらず、3年毎に一斉に公募の対象になる。今3年目にあたる人たちは、一度他の求職者と同じように公募の対象になるのです。来年、3年公募が始まってから初めて一巡してしまうんですね。一巡して当たり前のような制度になってしまうといけないので、今年の交渉時には真剣に取り組まなきゃいけないという意識を、皆が持っています。

　雇い止めの問題で、公募だけでなく、定員数自体がここ数年大幅に削減され、本当に毎年、更新できなくて去っていく人たちが多く、昨年1年だけで更新されなかった人が、今の現場でもたくさんいました。

　更新の時期になると毎年ヒアリングがあり、そもそも適性と能力があったからこそ採用されているはずなのです。だったらずっと雇用してよというのが私たちの気持ちです。それをなぜいちいち毎年確認するのか。最初に確認して採用になったんじゃないんですか？　それがいつも1年毎に切られてしまう。そこに3年公募が追い打ちをかけるように来る。いつ机の向こう側に行くのか、不安だらけで仕事をしている。まさに机の幅の差だけで、私たちは生死を維持している状況です。

3年雇い止めに固執する国土交通省

鎌田　国土交通省はどうですか。

山﨑　今は2回まで自動更新されて、次の公募が来たら終わりですね。常勤化防止ということで、当局が3年雇い止めに固執しています。例外なく、どの職場もやられています。当局がそこにこだわっている根拠的なものを推測すると、公募条件が一般事務補助なので、専門性がないというもともとの位置付けが大きいと思います。しかし先ほど言った船乗りさんなどは船上での介助作業や船舶作業ですので、それなりの経験を積んでいくわけですが、そこも例外なく3年で切られているのが今の実態です。

　非常勤職員には直接指示命令ができるのですが、請負では派遣法の関係もあり直接指示ができません。どこからどこへものを運ぶだけといった業務行程が定められた業務では対応可能でも、災害対応などで臨機応変な対応が求められる、あるいは行政判断が伴うような業務では役割が果たせません。そういうことが問題になり、労働組合で定員化なり職員化をしなさいと要求してきました。

その結果、去年、3大港湾の東京・伊勢・大阪にある海洋環境整備船の乗組員については、行政職（二）の不採用方針があるなかで、例外的に採用されました。なので、当局もそうした問題は解っているのですが、定員事情などの問題で突破しようとしないのが今の現状です。

鎌田 雇い止めは行政サービスの低下につながります。国公労連が実施したアンケート結果を見ると、たとえば職場への不満を3つ選択してもらうと、1番は雇用契約が更新されないのではないかということです。国の非常勤制度がどうあるべきかという質問では、身分労働条件を無期雇用にすべきだという意見が多いですね。最も実現したい要求でも、「3年公募の見直し」「雇用の安定を図る」「一律年数の雇い止め中止」は賃金労働条件よりも先に来ます。先ほど鈴木さんが言われた通り、ここを突破しないといけないと思っています。

雇用契約法で5年以上の無期雇用化という出口規制が設けられ、来年4月以降、3年契約の人からその権利が生じます。独立行政法人ではそれを認める傾向になってきましたが、国は一切認めません。韓国ではそれ以前に出口規制が制度化されていて、労働契約法改正の議論の時に賛否両論あったとは思いますが、実際に竹信さんが韓国に行かれたということですが、状況はどうでしたか？

竹信 韓国は2007年から非正規労働者保護法を施行し、2年を超えて非正規を使用する場合は、無期雇用の働き手とみなすという「みなし規定」を入れました。派遣労働者も2年を超えたら直接雇用にしなければならず、労働条件は類似労働者と同水準、いない場合は派遣の時より下回ってはいけないとされています。問題は、一定の期限を超えたら無期雇用化、という「出口規制」なので、年限に達する前にクビを切ったり、派遣に置き換えたりする例が目立つことで、2010～2011年の調査では、32.8％が契約満了になっています。ただ一方、正社員転換は25.2％、労働条件は非正規のときと変わらないが無期雇用になったのが41.2％と、6割以上が一応安定雇用へ転換しましたから、効果はあったということでしょうか。ここでのポイントは、公務部門も対象になっている点です。政府が率先して非正規問題に取り組む姿勢を示し、2006年には公共部門の非正規総合実態調査を行っています。

ソウル市では、労働組合や市民運動団体がバックアップし、労働市場を正すモデル政策を実施しょうと朴元淳（パク・ウォンスン）という市長が選ばれました。次に大統領選挙に出るんじゃないかと噂される人権派弁護士です。彼がソウル市長になった時、「雇用は人間の基礎である」と明言し、同一労働同一賃

金などの働き手を守る制度の徹底を進めてきました。短期雇用だと人間は安心して働けなくなってしまうし、良い仕事もできません。価値の高い仕事ができなくなっていく。自己尊厳や自信も失われていきます。自信のない人間が良い仕事なんてできません。自己卑下してしまうからです。

　そのためにソウル市の非正規職員を率先して正規化していく計画をつくり、2012年に市の直接雇用の非正規1,000人余りを正規転換しました。2017年までには派遣や委託などの間接雇用も直接雇用・正規転換していく計画です。韓国は日本と同じく、「労働行政は国だ」という意識が強いそうですが、ソウル市は自治体でもできる、自治体からまずやっていく労働行政のモデルをつくっていくんだ、ということを意識しています。国の政策を変えさせるのは大変ですが、自治体は小さい単位ですから、住民が合意できればきちんとした労働行政をやる道を選ぶことができる。アメリカも、共和党政権下で最低賃金が上がらず、貧困化が進む中で、労組や市民団体が州から賃金を上げていこうと、州ごとに繰り広げ、各州で生活できる水準の生活賃金を導入させていきました。韓国も、そうした方向を取り始めていると言ったらいいでしょうか。

　ソウル市ではこのほか、企業と協定を結んで、バイト権利章典というものをつくり、ここに労働基準法とモデル契約書というものを付けて、市と協定した企業は、この権利章典に沿ってバイトの労働条件を保障する、という試みを始めています。そうした協定を結んでいると、企業イメージが上がって良いバイトも集まりますから、実は企業にとってもプラスになるので、協定に前向きな企業は結構あるそうです。「ブラックバイト」対策ですね。また、韓国でも生活できる水準の賃金を保障する生活賃金法という法律案が国会に提案されていると聞きました。

　今ではソウル市だけでなく、民主党政権の市長がいる市を中心に、同様の動きが広がっているそうです。自治体から実践例をつくり、それを国の法律につなげていくというやり方ですね。

鎌田　無期雇用化の申請が少ないというのは、出口規制だからですか？

竹信　欧州では短期雇用の理由があるものしか認めないという「入口規制」ですが、出口規制は考えものですね。日本も労働契約法で５年を超えたら無期雇用という法律ができましたが、年限が来たら契約打ち切りをどう防ぐか、工夫が必要です。やはり、長期的には入り口規制を目指さないと難しいのかもしれません。

鎌田　ましてや派遣にどんどん流れていったら、止められないですね。
竹信　まったくそうです。
　ところで、山﨑さんがおっしゃった「更新は２回まで」ということに関してですが、中野区の保育士裁判の影響が大きかったと思います。あの場合、何度も更新して期待権が発生しているのだから、民間並みに解雇無効にする法律の整備が必要という判決だったのに、国や自治体は逆に、そのような事態が発生しないよう、２回の更新で終わり、みたいな話にしてしまったのです。
鎌田　公務員の場合は、定員の問題が諸悪の根源です。職場環境の悪化や非常勤職員の雇い止めもそうですし、定年延長ができないのもそうです。そこは変えていかなきゃいけません。ひとつ芽が出たのは、独立行政法人が無期化できるようになったことです。独立行政法人は定員の縛りはありませんが、予算の縛りがある。それでもできるということは、国でもできるということですね。
竹信　でも本当にちゃんとやっているんですか？　クビにしたりしていませんか？
鎌田　それもあります。結局、選別した上で無期化して、雇い止めをする人も出てくるということです。それでも一歩前進は前進です。総人件費を抑制する動きは止まりませんが、定員管理のやり方を改めることで隙間ができるはずなので、何とか無期化・常勤化を進めていかなきゃいけないと思っています。
竹信　先ほど「小さな政府」が望ましい形だという考え方そのものを見直す必要があるかもしれないと言ったのは、トマ・ピケティの格差論を知って、痛感したことです。格差がどんどん進んでいく過程で富裕層が政治的に力を持ち、そこから税金を取りにくい仕組みが導入されていくわけです。小さな政府でいいというのではなく、国民の人権や生存権を守るために必要な税金を確保できるよう、税制を立て直さなきゃいけないのではないかという、原則的な主張が出てきた。それがピケティの意味だったのです。税金が足りないから公務員の人件費を抑制するといいますが、それが公共サービスの不足につながるならば、必要な公共サービスを行えるだけの税金の取り方、税金が公共サービスとして生きるような使い方、という面から見直していく必要があります。
鎌田　続いて非常勤職員の要求実現にむけた労働組合の特徴的な取り組みをお聞かせください。
鈴木　私の所属する全労働の支部では、年２回、非常勤職員の要求に特化した当局交渉を行っています。来年の３月には３年公募が２回目という状況で、３

年公募に猛反対しようということで今年に入り交渉を行いました。そこで当局に「3年公募に局長は賛成か反対か」と問うと「反対です」と回答したのです。その結果、本省や人事院に上申したというのです。これを1つの起爆剤として、当局が物申すようになれば人事院も動くのではないか。労働組合に対する期待が高まっています。来年3年公募の対象になる人たちは特に意識が高いので、何が何でも今年秋の交渉では3年公募を突破しないといけない、絶対阻止しないといけないと気持ちが強くなっています。

納税者を含み込んで公務労働運動の組み立て直しを

竹信　公務の場合は納税者の意見が非常に大きな役割を果たします。なので公務員だけでなく、公務に関わるステークホルダー（利害関係者）を含み込んで労働運動の組み立てを考え直さないと勝てないと思います。

　公務労協が公務サービス基本条例を提案していますが、まだ広がっていません。非正規公務員や公務員の処遇も大事ですが、むしろ、住民は公務サービスを受ける権利があるという視点から公務員の労働条件の確保を訴えるアプローチの方法が必要です。条例はその1つの方法だと思います。

　もう1つは、自治体の議員を対象に公務員の労働条件が公共サービスにいかに関わっているかを理解してもらう講演会を開くとか、議員を巻き込むことも必要でしょう。財政削減を掲げる議員が議会で質問すると、首長は職員の待遇を改善しにくくなるからです。そうした主張は住民受けもするんですね。議員教育は大切です。

　納税者をステークホルダーにしていく形で労働運動のつくり直しを、やっていかなきゃいけないということです。

鎌田　それは重要な指摘ですね。

竹信　高度成長期のときは皆の生活が上向いていく実感がありましたが、今は皆が貧困化していますから、どうして公務だけが安定しているのかという警戒感と嫉妬感がすごくある。そこを克服するには、「皆が良くなるためには公共サービスが必要です」と住民を説得しないといけない。

　もう1つ付け加えると、非正規公務員については2つの考え方があります。1つは、非正規公務は失業対策事業だという考え方です。だから、、住民の間で順番に回して「ワークシェア」のように、皆が役所から賃金をもらうことが公正だという発想です。でも今は、本来は常勤であるべき公務を非常勤で調達し

ているのが実態です。その2つが混同されているのです。首を切るときは、「失対事業なんだからみんなで分け合おう」という理屈で、熟練非正規を切ってしまう。一方、低賃金でも頑張らせるためには「公務なんだから頑張れ」と言われる。都合よく使い分けしているんですね。そこもかなり注意して仕分けしながら運動を進めないと、住民は「3年ごとに首を切って公募してくれれば自分たちにもチャンスが回ってくるのに」と錯覚し、それが、公共サービスの質の低下につながっていると思わない。そうした錯覚をさせないような仕掛けをつくらなきゃいけない。

鎌田　まさにそうです。公募要件を設けているのもそういうことですよね。

竹信　そうやって住民を抱き込もうとしている。つまり住民の取り合いになっているわけです。だから、労働組合側が住民を取らない限りは勝てません。

　官製ワーキングプア研究会のホームページも参考にしていただきたいです。もし余裕があれば会員になっていただいて、一緒に知識を共有したり、知識を吸い上げる担い手になってほしいと思います。

鎌田　最後に、今後、労働組合で重視したいことや、国公労連に期待することなどを聞かせてください。

山﨑　3年雇い止めを簡単に突破する方向性あるいは特効薬はないと思いますし、手詰まり感があります。職場も運動はすすめていますが、なかなか突破できずジレンマを抱えていて、単組の中では政策委員会で議論を進めているところです。そこをどうにか、皆さんのお知恵もお借りしながら対策を考えていきたいと思います。賃金については、建設産業から始まった公契約運動が一般の方にまだまだ広がっていないので、今後やっていきたいなと思っています。その中で、賃金なり処遇改善につながっていったらと思います。

鈴木　竹信先生から指摘があった納税者の理解を求めることが必要だという点を考える必要があると思いました。では納税者の理解を求めるにはどうしたらいいのか？ということはまだピンと浮かんできませんが、今回お話を伺ったことをきっかけに、労働組合活動をやりながら納税者の理解を求めるような団体とも協力し合えたらと思います。ハローワークの行政サービスは求職者にとってもプラスになるんだという理解を求める運動も、これから必要なのかもしれません。そうしたご指摘を受けたことを組合に報告して、どうしたらいいかを提案してみたいと思います。

竹信　ハローワークや消費生活相談員は公務員のイメージを比較的持たれてい

て、かつ密接に納税者たちの生活に関わっています。それが、安定雇用と思ったら違っていたとか、そうしたことが分かるとすごくインパクトが強いですよね。非正規公務の世界のことを通じて、公務サービスの窮状を広くPRをしていき、納税者にその実像を理解してもらわないといけないと思います。

　国家公務員というとエリート官僚のイメージばかりがありますが、現場を支えているのはそうではない地道な公務に邁進している人たちですよね。そういう人たちがどんどん非正規化され、労組の勢いが弱くなっているという事実があります。ここで非正規化を押し戻すということは、国公労連の組織にとってもものすごく重要なポイントになるだけでなく、一般納税者にとっても、まともな公共サービスが戻ってくるという点で、重要です。ぜひがんばっていただきたいと思います。

鎌田　皆さんから出された御意見も踏まえながら、国公労連としても、官製ワーキングプアの問題を重視してとりくみを進めたいと思います。とりわけ、最大の問題点である雇用問題の背景にある定員管理のあり方などの制度の改善を求めていきたいと思います。その際、ご指摘があったとおり、国民の理解と支持を広げることが重要と考えます。そのため公務の非常勤職員制度に関わる要求と、増え続ける非正規労働の背景にある社会構造も含めた課題を1つの要求にまとめて、幅広く社会と連携しながら運動ができないかと考えています。それを1つの戦略としながら、非常勤職員制度の抜本改善を実現したいと思います。今日は皆さん、お忙しいところありがとうございました。

国公職場ルポ 第1回

日本年金機構の有期雇用職員

―― 8,000人雇い止めと
外部委託で年金個人情報
ダダ漏れ状態

ジャーナリスト
藤田和恵

年金機構の未来と有期雇用職員の先のない未来

「今日も明日も　あなたの努力で　信頼回復！　思いやりを　お客様にも　仲間にも！　機構の未来は　わたしが　創る！」

　約125万件の個人情報流出問題の余波が収まらない日本年金機構。全国各地の年金事務所では、職員がそれぞれのパソコンを立ち上げると、真っ先にこんな道徳の教科書もどきの標語が現れる。全職員のうち半分以上の１万1,750人が非正規の有期雇用職員。数年後、このうちの大半は恐らくそこにはいないであろう彼、彼女らは毎朝、この「美しい言葉」をいったいどんな思いで眺めるのだろうか。

「数十年後の未来を見据えて働きたいんです」。

　関西地方のある年金事務所で相談員として働く准職員のカズフミさん（30代、仮名）はこう話す。標語に対する皮肉にも聞こえるが、口調はいたって真面目だ。准職員は、正規職員と質量ともに全く同

ふじた　かずえ　1970年東京生まれ。北海道新聞社会部記者を経て2006年よりフリーに。事件、労働、福祉問題を中心に取材、執筆活動を行う。著書に『民営化という名の労働破壊』（大月書店）、『ルポ　労働格差とポピュリズム　大阪で起きていること』（岩波ブックレット）など。

等の業務をこなす。個人情報の流出が発覚した後は通常業務に加え、情報が漏れたとされる個人宅を訪ねて炎天下を駆けずり回る日々だ。急きょ決まった休日開庁のシフトも正規と寸分たがわず全うする。

では、正規と何が違うのか。それは、准職員のカズフミさんは最長でも5年間しか働けないことである。

年金は、社会情勢などによって頻繁に制度が改正される。共済年金の厚生年金への一元化や受給資格期間の短縮など。職場でこれらに関する書類を目にするたび、相談に訪れる市民に改正点を説明するたび、心の中で「新しい制度が軌道に乗るころには、僕はいないのかもしれないと思う」のだという。

数年前、年金相談の仕事がしたくて正規雇用だった事務職から機構に転職した。その直前、父親が亡くなり、母親の年金の受給手続きに付き添ったところ、最初に訪れた共済組合では担当者のミスで当面、年金は請求できないと判断された。しかし、後日、念のために足を運んだ年金事務所の相談員が母親の収入状況や法制度を詳しく調べてくれたおかげで、本当は受給できることが分かったのだという。

「いい相談員に出会えてラッキーでした。自分の判断や裁量、知識、経験次第でよりよい結果が出せる相談員っていい仕事だなと思ったんです」。

カズフミさんに言わせると、年金相談は人生相談のようなものだ。老齢年金の受給資格期間は原則25年以上だが、厚生年金加入者の配偶者だった期間や、生活保護の受給期間などを受給資格期間としてカウントできる場合がある。ブース越しに相談者と額をくっつけあい、何十年も前のあいまいな記憶を頼りに、結婚した時期や勤め先、転居先など人生の転機を一つ一つ探り当てていく中で、25年に達していることが判明した時の喜びはひとしおだという。仕事に役立てばと、働きながら社会保険労務士の資格も取った。

今の仕事が好きでたまらないカズフミさんにとって、正規職員がうらやましいと強く思うのは、相談に訪れた人から指名を受けるベテラン正規職員の姿を見る時だ。その職員が異動したと分かると、わざわざ異動先の事務所まで訪ねていく人もいるという。「お客さん

との信頼関係があるんです。何十年も働いてきた正規職員ならではです」

訪れた人から指名される相談員になる—。果たして自分にそんな未来はあるのだろうか。

機構側が5年限りでの雇い止めを続ける限り、カズフミさんに残された道は、10～15倍と言われる倍率を突破して正規職員の登用試験に受かるしかない。家庭では最近、子どもが生まれたばかりで、共働きの妻は屈託なく「（雇い止めされたら）その時はその時じゃない」と言ってくれる。転職したことに後悔はない。が、今のままでは2人目の子どもを持つことは難しいだろうとも思っている。

5年間で8,000人を雇い止め

日本年金機構は、年金記録のずさんな管理や一部職員の不祥事などが続いた社会保険庁が廃止され、公的年金制度を運営する、厚生労働省所管の特殊法人として2010年1月に発足した。この時の「改革」の一つが職員の非正規化で、社会保険庁時代、4割に満たなかった有期雇用職員は機構化に伴い一気に6割に増えた（表参照）。

有期雇用職員には主に「准職員」と「特定業務契約職員」、「アシスタント契約職員」の形態がある。准職員は、給与規定などは正規職員とほぼ同じだが、原則、1年契約で最長でも7年間（現在は5年間）しか働けない。特定業務契約職員も更新4回、最長5年（機構発足時）、アシスタント契約職員も更新2回、最長3年（同）といずれも上限があり、職員らでつくる労働組合・全厚生労働組合（全厚生）によると、機構発足以降、有期雇用職員約8,000人が雇い止めに遭った。

機構側は雇い止めの理由について年金記録問題が片付きつつあ

【表】日本年金機構の有期雇用職員数と正規職員数の推移

	2008.4	2010.4	2011.4	2012.4	2013.4	2014.4
正規職員	13,113	10,880	10,880	10,880	10,880	10,880
准職員	0	3,967	5,093	5,030	4,916	3,010
特定・アシスタント	7,756	11,200	12,179	12,179	9,871	9,173
合　計	20,869	26,047	28,152	26,211	25,667	23,063
前年度との差	社会保険庁時代	0	2,105	▲ 2,301	▲ 544	▲ 2,604

出典：全厚生労働組合作成

人件費が削減されたためとするが、同時に新たな人員を雇い入れてもいる。つまり、相当量の仕事は引き続きあるにもかかわらず、更新上限に至ったとの理由だけで、毎年1,000人規模の働き手のクビを機械的、強制的にすげ替えているわけだ。経験を積んだ職員をなぜ使い続けないのか。これに対して2012年２月の参議院予算委員会で、当時の田村憲久厚労大臣はおおむね次のように答えている。

「（更新上限を超えて）継続して契約すると、（更新への）合理的な期待を持たせることにもなりかねません。〜中略〜あらぬ期待をお持ちいただかないように、（機構が）契約通りの履行をさせていただいたのだろうと推察します」「業務量は確実に減ります。その中で継続的に雇用していくと、期待権が生じてその後の雇い止めをする時にいろんな問題が生じると判断されたのでしょう」

確かに、民間企業では非正規労働者にも「更新期待権」が認められ、安易な雇い止めはできないとする裁判判例は珍しくない。田村大臣が言う通り、将来的には業務量も減っていくのだろう。しかし、職員にとって働き続けることは家族を守る命綱でもある。もめ事の芽は早めに摘み取っておくに限ると言わんばかりのこの回答はあんまりだろう。

問題は雇い止めだけではない。機構では同じ有期雇用職員の間にも理不尽な格差がある。

まず、給与。准職員が正規職員の給与規定が準用された月給制で、昇給もボーナスもあるのに対し、特定業務契約職員とアシスタント契約職員は日給、もしくは時給制だ。多くの特定業務契約職員は日給6,000〜7,000円代とみられ、年収200万円を下回るワーキングプアである。アシスタント契約職員の給与は地域や職場長の裁量によって差異はあるが、原則、特定業務契約職員を超えることはない。一方、業務内容を見ると、特定業務契約職員の多くが准職員らと同じく保険料徴収や相談などの基幹業務に就いている。

つまり、職場によっては机を並べて同じ仕事をしていても、雇用形態によってかなりの給与格差が生じることもある。さらに、2014年度には、雇用期限に限りのない「無期化職員」というカテゴリーができることが決まった。一部の准職員や特定業務契約職員が試験

をへて無期化職員へと転換したが、こちらは昇給やボーナスがないため、現場からは早々に「永久に安い給料で、永久に使われるのでは」といった不安の声も聞かれる。

　とにかく働かされ方がばらばらなのだ。非正規と正規が混在する職場では、両者が互いを批判し合う「非正規VS正規」の構図が時にみられるが、年金機構では有期雇用職員の不満や戸惑いの矛先は同じ有期雇用職員にも向かいがちだ。

　「私の倍近い給料をもらっている"新人"の准職員に仕事を教えなくてはならない」（特定業務契約職員）、「特定やアシスタントから、『どうしてあの人が准職員の試験に受かったのか納得できない』と言われる」（准職員）、「雇い止めが近づくと一方的に有休を取って就職活動に精を出す人がいる。迷惑」（アシスタント契約職員）、「同じ准職員でも、給与には年齢や社会人経験が考慮されるので、民間企業出身者と主婦とでは給与が全然違う」（准職員）、「数カ月で辞めていく人もいて、職場はいつも知らない人が出たり入ったりしている状態。新人が教えた先から辞めいく」（特定業務契約職員）など。

　言うまでもなく、一番悪いのは、行き当たりばったりの採用計画で有期雇用職員を使い倒している年金機構である。同一労働同一賃金からあまりにかけ離れた働かされ方が不毛な対立を生みだしている。

　よく考えれば、毎月の手取り額だけはそれなりに見える准職員も５年後にクビになるようでは、良質な雇用とは到底言えない。しかも最近は、その雇用期間すら保障されない人が出てきているという。関東圏のある年金事務所で徴収業務に携わる准職員のヤスシさん（50代、仮名）が、Ａ４判の１枚の紙を見せてくれた。

　「雇用期間　平成27年４月１日から平成28年３月31日までとする。本契約は期間満了により終了し、契約の更新はないものとする」。

　准職員ならば５年間は働けるのではなかったのか。ヤスシさんは「就業規則では５年間とあります。でも、それとは別に毎年、この契約書に同意させられるんです」と説明する。

　全厚生によると、2012年10月以降に雇用された職員の契約書に「契約の更新はしない」との文言が記されるようになった。しかし、労

働契約法は就業規則で定めた基準に達しない労働条件を盛り込んだ労働契約は無効としている。全厚生は労使交渉の中でこの旨を指摘。これに対し、年金機構側は「就業規則で規定しているのは、契約期間と更新回数の上限。規定の範囲内で結んだ契約に問題はない。（契約は）双方の合意の上で締結している」と回答した。できるだけ雇用を細切れにし、雇い止めに伴うトラブルを極力避けたいとの思惑が透けてみえる。働き手側の弱みに付け込むかのような回答に、ヤスシさんはこう言って苦笑する。

「おかしな主張だと思いますよ。双方合意と言っても、仕事を失うわけにはいかない僕らは分かりましたとしか返事のしようがないんですから」。

月の手取りは約30万円。民間企業などをへて最初は特定業務契約職員として採用された。准職員に合格して給与は倍になったが、キャリアはまだ2年ほど。職場では、自分よりも若く、給料も安い「ベテラン准職員」に仕事を教えてもらうこともあるが、嫌な顔一つせず助けてくれるのがさいわいだという。

さいわいこれまで契約は更新されてきたが、いつ雇い止めされても文句は言わないという言質を取られているのも同然だ。次年度、働き続けられるかどうかが決まる年明けから年度末にかけては毎年、生きた心地がしないという。

「徴収の仕事は一人前になるのに3年はかかります。（職員の）新陳代謝がいきすぎると、お客さまにも迷惑をかけると思うんですが…」

「あの時、全厚生に電話してよかった」

有期雇用職員はただ黙って切り捨てられるしかないのか。

東北地方の年金事務所に勤めるマキさん（30代、仮名）は2013年度末での雇い止めを通告されたが、加入していた全厚生とともに団体交渉に臨み、雇用延長を勝ち取った。

社会保険庁時代から合わせると勤続9年。しかし、雇い止めの通告は一瞬だった。所長室で言われたのは「更新はしません」の一言だけ。年明けには、全厚生側から次年度は予算が確保できたので働き続けられるだろうとの情報を得ていただけにショックだった。み

るみる涙があふれ、事務所に隣接する車庫に駆け込んだ。煙草に火をつける手が震えたのは、極寒の外気のせいだったのか、悔しさのせいだったのか。携帯電話から東京の全厚生に電話をすると、不安をぶちまけた。
「話が違うじゃないですか！　私の予算はどこにいったんですか！」
　冷静に考えると、労働組合に詰め寄るのは筋が違うのだが、その時は気持ちが動転していたのだろう。その後は一転して自ら立ち上がった。仕事をやりくりして東京に出向くと、有期雇用職員の当事者が参加することを渋る年金機構側を抑え、全厚生役員らとともに団体交渉に参加、理事や管理職たちと直接渡り合った。その結果、2014年度は特定業務契約職員として「再就職」、事実上、雇用の延長を認めさせた。さらに、翌年度は無期雇用の転換試験に合格。クビの皮一枚からの「生還」を果たした。
　もともと、接客業に近い相談業務は性に合っていたし、長いキャリアを生かし、事務所内での研修や地元高校の年金教育の講師も務めた。しかし、当初は労働組合に関心はなく、「労働組合とは会社にダメ出しや、バッシングをするところ」くらいに思っていたという。しかし、機構化とともに更新上限が設けられ、何となく不安になって労組に加入、雇い止めを通告されたのはその直後の出来事だった。
　今でも、家族からは「労働組合って何かしてくれるの」と首を傾げられるし、同僚の中には「(雇用期間は)最初から決まっていたことなのに、ダダをこねるなんて」と非難する人もいる。同僚の言い分には一理あるとしながらも、マキさんはこうも感じている。
「年金は制度も複雑だから、人を入れ替えたら仕事の質は確実に落ちます。私たちが働き続けるのは、相談に来てくれる人のためでもあるんです。最初は団体交渉なんてしたら、無期雇用の試験に落ちるのではという不安もありましたが、そんなことはありませんでした。今はあの時、全厚生に電話してよかったと思っています」。
　最近は公務職場や、年金機構のように民営化・法人化された公務に準じる職場でも、マキさんのように非正規労働者本人が声を上げる事例が増え始めている。今も、自治体の非常勤職員などは雇い止めに遭っても、民間のような更新期待権は認められないとの考えが

主流ではある。が、一方で、裁判所の判断には変化の兆しもある。

東京都中野区の非常勤保育士や、武蔵野市のレセプト点検嘱託職員が雇い止めされた事件では、2007年と2011年、それぞれ裁判で損害賠償が認められた。さらに、岡山中央郵便局の期間雇用社員が雇い止めされた事件では雇い止めそのものが無効とされた。

岡山中央郵便局の事件を支えた組織のひとつは、郵政産業労働者ユニオン（郵政ユニオン）というかつての郵政産業労働組合と郵政労働者ユニオンが統合した労働組合である。それぞれのナショナルセンターは、全国労働組合総連合（全労連）と全国労働組合連絡協議会（全労協）で、ナショナルセンターの違いを乗り越えた組織統合は極めて珍しい。

組合員は約2,000人と、同20万人を超える日本郵政グループ内の最大労組・JP労組と比べると圧倒的な少数組合だ。ただ、取材する限り、非正規の期間雇用社員へのパワハラ問題や雇い止め撤回のための労使交渉や裁判など「目に見える労働運動」を展開しているのはもっぱら郵政ユニオンである。すでに、期間雇用社員だけで構成している支部もあると言い、全厚生関係者も「いずれは、うちもこうした運動に押し上げていきたい」と一目置く組織だ。

非正規の待遇改善を進める中で、郵政ユニオンの倉林浩副中央執行委員長は「僕らは『助けてあげるから組合に入りなよ』とは言わない」のだという。いわゆる旧態依然のオルグによる組織拡大からは一線を画すとした上で、彼はこう続ける。

「僕らの姿勢は『君が頑張るなら、僕らも一緒に全力で頑張る』なんです。僕らは雇い止め撤回のためなら、会社幹部との廊下での立ち話から裁判までできることは何だってやります。そしてそういう姿を見た非正規の人たちが、『こんなのはおかしい』と自ら声を上げてくれるなら、僕らは全力で支えます」。

契約書に書かれた更新上限や雇用期間を軽視してもいいというわけではない。しかし、契約で決まっているからといって、行儀よくあきらめる必要もない。そもそも、企業や団体などの雇用主側と比べ、働き手個人は圧倒的に弱い立場にあるのだ。弱い側に与えられた、いわゆる労働法や労働組合といった「武器」を利用して闘うこ

とは労働者の当然の権利でもある。

個人情報はダダ漏れ状態

　有期雇用職員が増えることは働き手の生活や将来設計を大きく左右すると同時に、年金機構が扱う個人情報のセキュリティーにも深刻な影響を与えかねない。

　中部地方の年金事務所に勤める准職員はある時、同じく准職員の同僚から「元カノの住所と仕事先を調べちゃったよー」と言われ、驚いた。いかにも軽いノリといった感じで、「おそらく悪気も、法律に触れるという自覚もなかったんじゃないかと思います」という。

　さらに、これとは別の同僚が辞める間際、必要以上に端末の個人情報にアクセスしている姿を見かけたこともある。「証拠があるわけじゃないのですが、恐らく情報を外部に持ち出したのではないかなと思います」。

　年金事務所の端末からは、名前と生年月日さえ分かれば、住所や勤め先、給料、配偶者、離婚歴、年金の受取先金融機関名などさまざまな情報に触れることができるという。事業所の保険料徴収に携わっていれば、その会社の経営状況も分かる。個人や会社は丸裸も同然だ。

　当然、職員には正規、有期を問わず、厳しい守秘義務が課せられている。一方で、機構発足以後、有期雇用職員約8,000人が雇い止めにより職場を去った。また、雇い止めとは別に、専門性の高い仕事のプレッシャーや、劣悪な労働条件に耐えかねて数カ月で辞めていく有期雇用職員も大勢いる。そう考えると、結果的に私たちの年金情報は膨大な人々の目にさらされていることになる。

　関東地方の年金事務所で事業所の保険料徴収を担う准職員のユタカさん（30代、仮名）はこう言ってあきれる。

　「有期の僕が言うのもなんですが、個人情報の宝庫の職場をこんなに大勢の有期に任せていいのかなって心配になります。僕も含めてほとんどの人は規則や法律を守っていますが、中にはそうでない人もいます。人を入れ替えれば、入れ替えるほどそうした人が紛れ込むリスクは高まるってことでしょう」。

保険料を滞納する事務所の多くは、経営が行き詰っている。徴収業務では督促だけではなく、納付見通しの相談にものる。そのために、会社の登記簿や取引先、事業主の住民票、家族構成、ほかに収入源はないか、土地の登記の状態などを徹底的に調べあげる。
「経営が厳しいことは従業員も知りませんから、事業主に連絡する時は携帯に直接かけたりします。中には、『社長は死んだ』と言って納付を逃れようとするケースもありますが、僕らはそれを鵜呑みにはせず、あらゆる手段できちんと裏を取ります。苦しい中でちゃんと払ってくれる事業者もいますから、彼らのためにもそこは公平にしなくてはなりません」
　使命感を持って仕事に臨むユタカさんだが、数年後には雇い止めが待っている。そして、知りえた情報は墓場まで持っていくことを強いられる。仕事に追われる中、ふと「いいように使い捨てながら、忠誠心だけは持てなんて虫がよすぎる」と思うこともあるという。
　全厚生の川名健副委員長は、有期雇用職員個人の資質に問題があるということではないと断った上で、こう指摘する。
「125万件の個人情報の流出は大きな問題です。でも、有期雇用職員が増え、さまざまな業務が外部委託化された年金機構では、数字に表れないだけで、もっと膨大で、もっと大事な個人情報がダダ漏れ同然の状態になっていることを、多くの人に知ってほしい」。
　川名さん自身、年金事務所に勤務していた時、知人から子どもがある地元企業に就職を決めたと報告され、本来は喜ばしい話なのだが、その就職先が保険料を滞納している企業であることが分かり、複雑な気持ちになったことがあったという。「僕らはいくら親しい相手でも、『その就職は止めておけ』とは絶対に言ってはいけません。でも、年金の仕事をしていると結構、こういう経験をするものです。（こうした場面における守秘義務を）数年で切り捨てられる有期雇用職員たちにどこまで強いることができるのか」。
　日本年金機構は働き手を入れ替えることによって生じる「ダダ漏れ」のリスクをどこまで負う覚悟があるのか。有期雇用職員の増加は労働問題だけにとどまらない。保険料を納め、年金を受給する「私たち」の問題でもある。

ナベテル弁護士のコラムロード 第1走

「ゆう活」に見える安倍政権のブラック企業的体質

弁護士
渡辺輝人

　この原稿を書いている2015年7月現在、政府は「ゆう活」と称する朝方の勤務形態を推進している。政府の広報サイトによると「ゆう活」とは「日照時間が長い夏に、朝早い時間に仕事を始め、早めに仕事を終えることで、まだ明るい夕方の時間を有効に活用し、生活を豊かにしようという取組です。」とのことである。

　安倍政権は、ゆう活推進のために、国家公務員22万人（4割）に対し、今年の7・8月の間、始業時刻を1〜2時間前倒しする措置をとっている。ゆう活について政府が作成した資料には「通常8：30〜9：30の勤務開始時刻を1〜2時間程度早め、7：30〜8：30（終業時刻は16：15〜17：15）等とする」（2015年5月27日内閣府作成「夏の生活スタイル変革（ゆう活）について」）と記載されている。

わたなべ　てるひと　1978年生。日本労働弁護団常任幹事、自由法曹団常任幹事、京都脱原発弁護団事務局長。労働者側の労働事件・労災・過労死事件、行政相手の行政事件を手がけている。残業代計算用エクセル「給与第一」開発者。近著に『ワタミの初任給はなぜ日銀より高いのか？ ナベテル弁護士が教える残業代のカラクリ』（旬報社）

言い出しっぺは安倍首相

　なぜ唐突にこのような活動が始まったのかと思っていると、上記の政府資料に、2月12日の安倍首相の施政方針演説の一節が引用されている。該当部分（下線部）を含めた周辺部分を引用すると以下の通りである。

> 　<u>昼が長い夏は、朝早くから働き、夕方からは家族や友人との時間を楽しむ。夏の生活スタイルを変革する新たな国民運動を展開します。</u>
> 　夏休みの前に働いた分、子どもに合わせて長い休みを取る。そんな働き方も、フレックスタイム制度を拡充して、可能とします。専門性の高い仕事では、時間ではなく成果で評価する新たな労働制度を選択できるようにします。

　ゆう活は、過労死促進法案（残業代ゼロ法案。時間ではなく成果云々の部分。）などと並んで、日本の働き方を変革するための方法だというのである。その後、ゆう活推進に向けた閣議決定までされたようで、安倍政権の肝いりの政策となっている。

勤務を前倒ししても他の人の生活は前に倒れない

　午前7時半～8時半に始業となると、例えば霞ヶ関の中央省庁に勤務をしている公務員は、最低でもその1時間以上前には自宅を出なければならないだろう。多くの職員は郊外から通勤しているはずだからだ。起床後、家を出るまでの時間を1時間としても、起床時刻は午前5時半～6時半ということになる。子どもなど世話をしなければならない対象がいたり、通勤時間が長ければもっと早起きせざるを得ない。

　独身の身軽な生活であれば、このような勤務時間の前倒しも割と柔軟にできるかもしれない。しかし、子どもを保育園に預けるために早めの6時～7時に家を出ても、肝心の保育園が子供を預かってくれないかもしれない。上記政府資料では、パートナーが役割分担して子供を保育園に連れていってくれる都合の良い事例を設定しているが、これでは、ゆう活のしわ寄せが他に行ってしまう。仮に預

かってくれるとしても、保育時間が前倒しになるので、子どもを早く迎えに行かなければならない。お迎えをパートナーが行っている場合は、やはりそちらにしわ寄せが行く。また、家に小学生の子どもを残してくるとして、6時半～7時半に自宅を出るのなら、朝食すら一緒に食べられるのか疑問である。

　当たり前のことであるが、結局、始業時刻を前にずらしても、何の時短効果も発生しない。

実は法令も前倒しにしていない

　一方、終業時刻を考えると、外部との打ち合わせ、来客のための時間を16時15分以降に設定せざるを得ないことは頻繁にあるだろう。官庁は外部からの電話問い合わせや、窓口対応も沢山ある。だから、最低でも16時15分以降はこれらをシャットアウトしなければ、16時15分の終業はおぼつかない。この点について、上記の政府資料には、ご丁寧に「※なお、官庁執務時間（8：30～17：00）は変更しない。」と書いてあり、行政サービスが低下しないことを表明している。

　この点、官庁執務時間については、大正時代に定められた「官庁ノ執務時間ハ日曜日及休日ヲ除キ午前八時三十分ヨリ午後五時迄トス」（官庁執務時間並休暇ニ関スル件）という規則があり、これが今でも有効である。これを変えない限りは、いくら朝方勤務を叫んでみたところで、現実の変化は起きないのである。安倍政権が、官庁の執務時間を変える覚悟すらなく朝方勤務を叫ぶのはナンセンスというほかない。

仕事を減らさないと早く帰れない

　前述のように、16時15分終業と言ってみたところで、最低でもその時刻に窓口対応、来客対応、電話対応を止めなければ、執務時間が終わる17時までは残業せざるを得なくなることが多いだろう。

　しかし、17時で業務が終了するなら、まだマシなのかもしれない。問題はさらなる残業である。ゆう活のキモは、勤務時間帯を朝方にシフトさせることで、夕方に空いた時間を作り出し、これを労働者の余暇として有効活用して豊かな生活を築こう、というところにあ

る。そうであるなら、終業時刻以降の残業を撲滅しなければならない。実際、上記政府資料にも「業務の無駄を徹底的に排除し、業務を効率化」などという言葉があるが、こう書くと、まるで、官庁の仕事が無駄と不効率の塊であるように見えてしまう。筆者の見聞きする限り、公務員の業務も年々過密化しており、与えられた業務を前提とする限り、無駄や不効率はないわけで、政府資料の言葉は「やればできる」式の根性論を述べているのである。それにしても、政府が先頭に立って、公務員の勤務の状況を、無駄や不効率があるかのように言い募るのは、それこそ現場の士気を低下させることにならないだろうか。

　そして、無駄の排除や業務の効率化以外に、業務軽減等の措置をとったかといえば、残念ながらそのような情報は全く流れてこない。今や、国家公務員も長時間残業が当たり前になっている。その様な状況でゆう活を行えば、早朝勤務＋執務時間終了まで対応＋残業で、結局、従前よりも労働時間が長くなってしまう可能性がある。上記の事例では通勤時間が余り長くならないようにしたが、もっと長時間の通勤をしている場合、朝５時までの早朝時間帯に起床しなければならない可能性もあり、その場合、昼行性である人間が本来寝ているべき時間であるため、体の負荷が余計に高まる。

　それどころか、安倍政権は通常国会を95日間も延長し、９月終わりまでやるつもりでいる。霞ヶ関の上級官僚や職員たちは、現に安倍政権の所行に付き合わされている。

民間はついてくる…わけがない

　上記政府資料には、「必要に応じ、保育所の開所時間の前倒しや延長保育を行っていただくよう、地方自治体を通じて要請。保育園の開園時刻を前倒しにすることを要請する」などと書かれている。しかし、その余分な人員配置のための予算（補助金）がつく、という話は聞かない。保育園の労働条件も、年々厳しくなっている。このような状況で、お願いさえすれば結果がついてくるとでも思っているのだろうか。上記政府資料にはＢ社の事例として「○役員、本部長、プロジェクトメンバーの３名で20時40分から全フロアを回り、退

社の声かけを実施。○早朝出勤の社員に 8 時45分から「朝パン」を配布。2015年 1 月からはおむすびの配布に変更。」などという記載があるが、これのどこがゆう活なのか全く分からない。長時間労働の職場で朝の時間を利用してさらに残業させる事例ではないのか。

　その他、民間の企業が安倍政権の提起に応えた話は、筆者の周辺には一つもない

公務員なら失敗しても良いのか？──ブラック企業の構造

　民間の労働時間を抑制したいのなら、労基法の労働時間規制を強化するほかないが、安倍政権は労働時間規制の強化を過労死促進法案の取引材料としか考えていない。また、国家公務員が先行して取り組みを行ったところで、そもそも執務時間の枠組みを変えるつもりも、業務軽減をするつもりがないのだから、これも上手く行くはずはない。これでは、ゆう活なる取り組みが成功するはずもないのである。

　問題なのは、こういう明らかな愚策の立案のために公務員の頭脳が使われ、多数の職員が自らの負担で、身をもって失敗を体現しなければならないことである。それで労働時間が増えれば、もちろん国民の税金の負担となるし、安倍政権の体面を保つために労働時間隠しが行われれば、さらに職員の負担が増えることになる。実際の業務軽減をすることなく、なせばなる式の精神論でバラ色の施策を打ち出す安倍政権の姿勢は、ブラック企業のあり方そのものである。上司（首相）の思いつきで、あらかじめ約束されていた始業時刻をずらされるなんて、悲劇以外の何者でもない。

　そうなのに、大手のマスコミが、この愚策を止めたり、批判を大展開したりする様子がない。「どうせかけ声だけで終わるんでしょ」という冷めた目で見ているように思える。しかし、税金をかけ、公務員の"人体実験"を通じて示される失敗による社会的損失は大きい。マスコミはきちんと批判をして止めさせるべきではないのか。こういう、公務員に対する冷たさ、風当たりの強さも、我が国の労働環境全般を悪化させる要因に思えてならない。

階級連帯の内と外

スクリーンに息づく愛しき人びと

第1作

甲南大学名誉教授
熊沢 誠

『パレードへようこそ』（マシュー・ウォーチャス、2014年）

はじめに

　このたび、本誌に映画について語るエッセイを連載することになった。もの心ついてこのかた変わらぬ映画ファンであり、今も映画三昧の日々を送る私にとって、それはいくらか心労ではあれ、心楽しい作業である。内容としては、まず、最近感銘を受けた作品について語る。次に、これと比較しながら、テーマの共通する過去の名作をふりかえる。そんな叙述に溶かして、映画というもののもつ社会的、歴史的、思想的な意義、つまり今を生きる私たちになにをよびかけているかを、紙数も限られているゆえに簡単にではあれ、述べてゆく――およそそんな執筆方針である。

　労働研究者の私が選ぶ作品はどちらかといえば「社会派」の作品が多いかもしれないけれど、そこにはあまりこだわらない。映画は

くまざわ　まこと　1938年三重県四日市市生まれ。甲南大学名誉教授。研究会「職場の人権」顧問。京都大学経済学博士。主な著書に『働きすぎに斃れて――過労死・過労自殺の語る労働史』、『労働組合運動とはなにか――絆のある働き方をもとめて』（岩波書店）など多数。旧作・新作あわせ年100本以上を観る長年の映画ファンであり、近著『私の労働研究』堀之内出版、2015年）やHP（http://kumazawa.main.jp/）にも深い映画愛に満ちた作品紹介を収録している。

社会勉強のため見るものではないだろう。映画の楽しみは、社会に関する知識の涵養というよりは、なによりもそこに活写される人びとの苦しみや歓びへの共感であり、満ちてくる人間というものへの愛着にある。それこそがあらゆるヒューマンな思想の培養基なのだ。総タイトルを「スクリーンに息づく愛しき人びと」とした所以である。また、これはよくある「新作紹介」ではなく、映画というものへの私なりの愛執を綴るエッセイである。だから感銘がそこに凝縮されるラストシーンの語りはやはり避けがたい。ネタバレになることも多いことは許されたい。

＊＊＊

　最近、沸き立つような感銘にわれを忘れたのは、イギリス映画『パレードへようこそ』（マシュー・ウォーチャス、2014年）である。

　1984年7月、20もの不採算炭鉱を閉鎖して約2万人の労働者を解雇しようとするサッチャー政権の大合理化策に対する、炭鉱労働者およそ10万人のストライキが4ヶ月を迎えていた。保守党政権はいっさいの妥協を拒み、さしも強靭な全国炭鉱労組（NUM）のこの闘いも、しのびよる生活苦ゆえに苦戦だった。そんなとき、マーク青年（ベン・シュネッツァー）を中心とするロンドンのゲイ＆レスビアンのグループが、炭鉱労働者たちのデモの姿をテレビで見て、弾圧され差別されている点では自分たちも彼らも同じ、共通の敵はサッチャー政権にほかならないと、天啓のようにうけとめ、LGSM（レスビアン・ゲイ炭鉱労働者支援組織）を立ち上げて募金活動をはじめる。この試みは、はじめはNUMのどの支部にも相手にされなかったけれど、南ウェールズはディライス炭鉱組合の人びとによってついに温かく迎えられることになる。

　これは本当にあったことだ。映画は、もともと比類ない階級的連帯の世界に生きながら伝統的にマッチョでゲイ嫌いの地味な炭鉱労働者と、ロンドンの「ケバイ」ゲイグループ若者たちとの、思いがけず結ばれた絆を描く。このプロセスにかかわるに、どことなく影を宿したゲイの仲間たち、彼らと最初に心を通わせた偏見なき好漢ダイ（パディ・コンシダイン）やゲイを排除する一部の男たちを小気味よくやりこめる感性ゆたかな女性組合長ヘフィーナ（イメルダ・

スタウントン）をはじめとする炭鉱コミュニティの人びと、そのいずれも「群像」でありながらそれぞれが個性的に息づいている。会話がおもしろく愉快だ。すぐれた脚本（スティーヴン・ベレスフォード）である。とくに明るく聡明で、エイズに倒れるジョナサン（ドミニク・ウェスト）を静かに励まし、彼の示唆にしたがってのちに大学で学び地方議員になったという太ったおばさんシャン（ジェシカ・ガニング）がすてきだ。この2群がジョナサンのダンスや、「パンも薔薇も」の合唱で溶け合ってゆく場面は美しくすばらしい。労働歌とともに80年代の代表的なポップスが全篇にあふれているのも、この映画の魅力のひとつである。

　困窮が深まり、LGSMは84年12月、ロンドンの下町キャムデンで史上有名な拠金コンサート「PIT&PERVERTS（炭鉱とヘンタイ）」を成功させる。「ヘンタイ」の「プライド」（これが映画の原名である）宣言でもある。だが、ゲイ排除派の執拗な悪意が再燃してLGSMの協力は難しくなる。別れの抱擁のときがきた。一方、政府はストライキをやめるものだけにボーナスを支給する差別処遇にも踏み切る。そしてついに85年3月、1年も続いたストライキは敗北する。ウエールズの炭鉱夫も組合旗を先頭に立てて整然と職場に戻るのである……。

　私はもともと、企業および国家からまったく自立したイギリス的な自治組織を労働組合の「理想型」とし、それを支える組織労働者なかまの職場・地域での協同と連帯の文化を、その退嬰的な側面もふくめて高く評価するスタンスである。この評価の理由についてはいくつかの拙著（代表的には『国家のなかの国家』日本評論社、1976年）の参照を乞いたいけれど、そんな私にとって、その典型としての炭鉱労働者の階級的連帯を背景とする物語に感動するのは当然であった。そしてその文脈では、今『パレードへようこそ』にふれると、『ブラス！』（マーク・ハーマン、1996年）と『リトル・ダンサー』（スティーヴン・ダルドリー、2000年）という、忘れられないふたつのイギリス映画がすぐに思い起こされよう。

　けれども、今回の新作もふくめて、これらの秀作は実は、組織労

働者内部の集合名詞的・集団主義的な生活と思想の謳歌ではない。そうであれば、映画はともすればみずからの立場の鼓吹に終始して自閉的な印象を残したかもしれない。しかしすぐれた映画作品は、多少とも伝統的な連帯の境界近くまたは「外」に位置する他者の眼、しかもすぐれて個人の眼をもって、伝統的な炭鉱労働社会の変貌をみつめる物語であったことに気づかされるのである。

　例えば、あの大争議後1993年頃のヨークシャー・グリムリー炭坑を舞台とする『ブラス！』。ヤマの存続が危ぶまれる炭坑町コミュニティ、そこでの生活不安と貧困のなか、100年の歴史をもつ労働者のブラスバンドがなんとか全国コンクールで優勝を果たすまでの物語だ。ちなみにブラスバンドは代表的なイギリス労働者文化のひとつである。

　塵肺をもつ元坑夫の老指揮者ダニー（ピート・ポスルウエルス）、生活苦と家庭の不和におちこんでゆく気弱なその息子（スティーヴン・トンプキンソン。そのかなしい葛藤の演技がみごとだ）、故郷に戻ってきて労働者の「敵側」石炭公団の地層測量士になり、存続可能の報告を提出して非情の公団に裏切られるグロリア（タラ・フィッツジェラルド）、立場の違いに悩む幼なじみの恋人（イアン・マクレガー）──それら団員たちの折りなす濃密なエピソードは切実で、心からの共感に誘われる。

　優勝を勝ち得てもその直前にグリムリー炭坑は閉鎖が決定されていた。ダニーはこれまで音楽のことしか語らなかったけれど、「われわれの仕事、生活、コミュニティのすべてを奪い、明日を無にした」と激烈な政府批判の挨拶をする。ラストシーン。オープンバスの屋上だろうか、ライトアップされたビッグベンを背景にバンドはエルガー作曲の「威風堂々」を演奏する……。そう、イギリス労働者階級は消えてゆく、しかし威厳をもって消えてゆくのだ。ここでは、ブラスバンドの意義と成功に生命をすり減らす退役者ダニーの眼、それにそれまで「公社」側とみなされて敵視されていた良心的な技術者グロリアの心寄せを重ねることによって、衰退してゆく紐帯の場というものの庶民にとってのかけがえのなさが、かえって鮮やかに掬いとられている。

『リトル・ダンサー』もまた、まことに魅力的な作品である。
　舞台は大争議さなかのイングランド北部のダーラム。連日、組合員とスト破りのせめぎあいが続くなか、少年ビリー（ジェイミー・ベル）は、少女たちが練習するバレエへの憧れやみがたい。しかし伝統的にマッチョで「男はボクシングかフットボール」と思い込んでいる炭鉱夫のパパと闘士の兄トニーは、「女々しい」ビリーを叱りつけ、ビリーの才能を見出したバレエ教師（ジェリー・ウォルターズ）のバレリーナへの道に進むようにとの勧めを「中産階級」のお節介だと罵倒する。けれどもパパは、息子のダンスの躍動を見て心を動かされ、ついにロンドンのバレエ学校のオーディションを受けさせようと決心して、そのための多額の費用を稼ぐため、スト破りに加わろうとするのだ。必死でそれを止めるトニーにパパは涙ながら言う――ここ（この炭坑界隈）はもうもたないだろう、才能があるかもしれないんだ、ビリーをここに留めることはできない、と。私たちはここに、2006年日本の秀作『フラガール』（李相日）のなかで、もと女坑婦の千代（富司純子）が娘（蒼井優）がうちこむフラダンスをみて心を変え、「これも私たちが知らなかった立派な仕事なんだ」となかまに説く美しい言葉を想起しないだろうか。
　感銘深いことに、組合員なかまやダンス教師のカンパがあって教育費は捻出できることになる……。何年かのち、25歳のビリーが主役を務める「白鳥の湖」ロンドン公演の客席にはパパと兄の姿がある。パパを演じるゲアリー・ルイスのここでの表情は本当に泣かせる。客席にはまた、かつてのビリーに尋常ならざる愛を示していた明眸の少年、ゲイとして成人したマイケルの姿も。『パレードへようこそ』を見たとき思い出したのは、このマイケルという存在の意味であった。

　強固な階級連帯、自然に助けあうなかまのつくる濃密なコミュニティ、そこに抱擁された伝統的な家族、それらが可能にする「われらの領域」を死守する組合の営み……。このような炭坑労働者の界隈での生きざまは、時代とともにどうしても労働者の存在としての典型性を喪ってゆく。ここに述べた秀作3編はいずれも、哀惜をも

って、たしかに存在した炭坑労働社会の衰退を見つめている。

　抑圧に抵抗できる労働者の連帯はしばしば、他の存在に対するある区別意識、ときにはある排除の色彩さえ帯びる、なかまの間でのアイデンティティ共有の上に成り立っていた。だが、ある時期までは必然的だったこうしたなかまの限定が、「典型性」の崩壊にいっそう棹さすことはいうまでもない。炭坑を舞台にしたイギリスの秀作群は、それゆえ、ブラスバンドに生きる退職者、良心的な技師ホワイトカラー、バレエの才能にかけて労働社会を離脱してゆく若者、そしてなによりもこだわりのない女たち、そしてLGBTのグループなど、伝統の炭鉱労働社会の境界周辺の人びとを主人公としている。いくらかは「外」なるこうした人の眼を大切にすることによって、これらの映画は、階級的連帯の「境界」設定が帯びる限定性・自閉性を撃つとともに、そのことでかえって逆説的にも、労働者が日常的に帰属する界隈の紐帯というもののもつ、働く人びとにとってのかけがえのなさを、そして喪われることのない今日的意義さえも、みごとに描いているのだ。

　連帯を大切にするイギリス労働者の共同性は、境界を開き外なる人びとと連携することによって、以前とは変化したかたちで生き延びてゆくだろう。なぜなら新自由主義の今日、人は共同体のみで生きることはできないけれど、共同体なしで生きることもまたあまりにしんどい。このことは、「私のリストラ」を避けるためにみんなのボーナスをあきらめてほしいと一人で同僚に頼みまわらねばならない、そんな女性労働者（マリオン・コティアール）の孤独を描く最近のフランス映画『サンドラの週末』（ダルデンヌ兄弟、2014年）に鮮やかに描かれている。サンドラはしかし、その心労を経て、「外」にあった契約社員もまた同じなかまとみる、開かれた位相にいたるけれども。

　『パレードへようこそ』のエンディングは、『ル・モンド』紙の言葉を借りれば、信じがたいほど美しい。1985年5月、ロンドンでの「虹のパレード」。マークらのグループは参加者少数が予想されて気勢が上がらなかった。だが、そこに思いがけず、バスを連ねてあのウエ

ールズ・ディライス炭坑の人びと多数が駆けつけたのだ。
　ゲイのなかまと炭鉱労働者はスクラムを組んで、ここでも国会議事堂を背景にウェストミンスター橋を渡ってゆく。マークは87年にエイズ感染症で夭折するけれども、このあと、労働党はゲイやレズビアンへの差別を禁じる決議を採択する。その主要なプロモーターは、党内でなお大きな票数をもつ全国炭鉱労組（NUM）であった。

『パレードへようこそ』
© PATHE PRODUCTIONS LIMITED. BRITISH BROADCASTING CORPORATION AND THE BRITISH FILM INSTITUTE 2014. ALL RIGHTS RESERVED.
9/25（金）DVD発売予定　発売・販売：株式会社KADOKAWA

運動のヌーヴェルヴァーグ
藤田孝典⑤

労働組合はもう役割を終えたのか
―労働組合活動の復権に向けて―

NPO法人ほっとプラス代表理事
藤田孝典

労働組合なき時代

　長時間労働、過労死、非正規雇用拡大、ブラック企業など誰もが労働問題とは無縁ではなくなりました。特に若者であるほど、労働問題を抱えることは自然な状況です。社会問題の背景には労働問題が潜んでいるともいえるでしょう。そのため、日本弁護士連合会や各労働組合、ユニオンなどで労働相談会を開催すれば、相談が常にある状況です。なぜこのような状況に至ったのかは、もはやわたしが論述する必要性もないくらい自明のことでしょう。
　それらの労働環境を生み出すことに貢献してしまっている労働組合の存在を忘れてはなりません。端的に「労働組合なき時代」を終わらせなければ、労働者の生活再建はあり得ないといえます。そし

ふじた　たかのり　1982年埼玉県越谷市生まれ。社会福祉士。2002年から東京・新宿区などでホームレス支援ボランティアに参加し、埼玉を拠点に首都圏で生活困窮者支援を行うとともに、社会福祉・社会保障に関する提言を行う。NPO法人ほっとプラス代表理事。聖学院大学人間福祉学部客員准教授。反貧困ネットワーク埼玉代表。ブラック企業対策プロジェクト共同代表。厚労省社会保障審議会特別部会委員。著書に『下流老人　一億総老後崩壊の衝撃』（朝日新書）、『ひとりも殺させない　それでも生活保護を否定しますか』（堀之内出版）、共著に『反貧困のソーシャルワーク実践　NPO「ほっとポット」の挑戦』（明石書店）など。

て格差と貧困はますます拡大し、文字通りの野蛮な「弱肉強食」の社会がますます進行することでしょう。いわゆる新自由主義社会です。与党と野党、企業と労働組合などは必ず、その役割として、緊張感をもって対峙するべきです。

労働者や生活者の立場から権利擁護し、代弁をすることができる心強い存在を人々は待ち焦がれているように思います。いまはすでにその存在がまるで社会にないような状況です。年に一度、5月のメーデーのときだけ、労働組合の存在を聞いたり意識したりしますが、世の中に「ベア」「均等待遇」などの用語を知らない人々は大勢います。

わたしは労働組合の「力」を信じる者の一人です。未だにその潜在力は計り知れず、「眠れる獅子」とでも表現できるかもしれません。労働組合は労働三権などを活用して何でもできます。団体交渉もストライキも可能です。もちろん個別の労働相談や生活相談にものれます。

これらの多くの権限を活かしながら、労働者の生活を守ることも、ある産業構造に介入することも、社会構造に変化を与えることだってできるでしょう。錆びついた権限を行使する時期ではないだろうかと感じています。

労働組合と社会福祉

実は労働組合に頑張ってほしいと思う理由は、わたしの相談支援現場にあります。社会福祉の相談支援現場には限界があるためです。

労働組合の役割の低下とともに、わたしたちが向き合っている社会福祉も危機的です。労働者の権利や生活を守る労働組合が活動を縮小、弱体化させられていくと、多くの労働者は社会福祉対象者となります。「低賃金で暮らせない」「長時間労働でうつ病を発症する」「パワハラが横行して退職せざるを得なくなる」「失業が続き生活費が足りない」などの理由から生活保護制度を利用したり、ソーシャルワーカーが生活支援に介入することがあります。

当然、生活保護制度を利用することが悪いことではないし、生活支援が必要であれば受けるべきだと思います。ただし、その手前の

セーフティネットが機能するべきだとも思うのです。そのセーフティネットの一つとなるべきは、労働組合ではないでしょうか。多くの労働者は労働問題を抱え、そのまま社会福祉対象者となります。これは忸怩たる思いで関わらざるを得ません。ここに労働組合が関わっていればと――。

　労働組合がサボれば、社会福祉関係者の出番ですが、日本の社会福祉は脆弱であるがゆえに、まともな職業訓練や就労支援が提供されていません。例えば、近年の生活困窮者に対する就労支援を、行政は大手人材派遣会社に委託させています。これらの福祉実践は、あたかも「ワーキングプア製造所」のような様相になっています。大手人材派遣会社の職業訓練や就労支援を受けても、十分に生計維持できるだけの給与が得られないのです。だから一度、貧困に至ると、そこから容易に抜け出せない支援システムが構築されています。当たり前です。人材派遣会社が作り出してきた雇用環境の不安定さを放置しておきながら、それらの企業へ再度依存せざるを得ない支援システムなのですから。

　このように、もはや社会福祉への比重が高まりすぎており、支援がしきれない状態であるため、新規参入してきた有象無象の民間企業が、自己の利益を得るために労働者や生活困窮者を使いつぶす現象が発生しています。支援する人々も、財源も足りません。だからその手前で労働組合が企業と権利闘争し、労働者を守ってほしいのです。

少なくてもいいからミクロ実践の場の創造を！

　ではどうしたらいいのでしょう。労働組合は復権できるのか、労働者の味方になれるのでしょうか。

　わたしは生活支援現場のNPOで生活困窮者の声を日ごろから聴いています。「消費税が上がって生活へこんなに支障がある」「夜勤を繰り返していたらうつ病になって会社をリストラされた」「失業していて仕事がないので生活費が足りない。家賃も滞納している」など、実に様々な内容です。

　わたしが相談支援現場でできることは微々たるものです。福祉事

務所へ付き添うこと、病院に付き添うこと、法律事務所に付き添うこと、労働基準監督署へ行くことなど、必要に応じていろんな場へ当事者と赴きます。ただし、これらの同行先に制限はないし、行ってはいけない場所も当然ありません。必要があればその当事者のニーズに合わせて、そのターゲットの場へ行って問題解決を目指します。

　社会福祉では個別援助ともミクロ実践とも呼ばれます。要するに、生活困窮者とともに、個別の問題解決に取り組みます。長い方は数年にわたり、関係性を継続しながら支援関係を維持します。このミクロ実践はわたしに様々な示唆を与えてくれています。「若者の雇用問題が深刻であること」「生活保護申請が役所で弾き返されていること」「生活保護基準では健康で文化的な暮らしができないこと」「ブラック企業の台頭」「最低賃金が低すぎること」などです。

　これらのミクロ実践からの気づきは、ある意味当たり前でしょう。「そんなことか」と思われる方もいらっしゃるかもしれません。問題はここからです。ではこれらの問題にどのように介入するべきか。

　例えば、マスコミ向けに記者レクを行うとします。あるいは他にも社会的に発信をする場合があります。その時に必要なのは、「説得力」であり、現場のリアルさです。実際の現場に触れているか否か（経験則）であり、現在も触れ続けているか否か（継続性）です。この経験則と継続性は、社会への発信のためになくてはならない２つの原理です。そして、実態を伝えられる当事者の存在という最後のピースがそろって、問題の所在を、説得力を持って明確に伝えられます。

　一方で、ミクロ実践の積み重ねがなく、上段から政策論や統計を持ち出して議論を提起しても不十分です。それが政策的にいかに正しかったとしても、迫力や説得力に欠ける場合があります。人々は正論を求めていますが、他方で発信する人から得る感情論も判断材料としています。

　特に、近年のおおよその労働組合の政策提言は、大上段から構えた、当事者やミクロ実践不在のものであるといえます。要するに、政策論を提起するための政策論です。実態から出てきた迫力があり

ません。これでは現状をいかに理解していようと実態は変えられません。苦しんでいる人々と共にいないのですから。

　労働問題を抱える当事者は山のようにいます。一人ずつ実際に声を聴いてみて下さい。具体的な問題解決を模索するなかで、社会構造に対する理不尽さや不条理などを当事者の立場から同じく実感することとなるでしょう。怒りや悲しみといった感情を当事者と真に共有するときに、労働組合運動は新たなステージに移れるのだろうと確信しています。

書評

安田浩一 著
ヘイトスピーチ
「愛国者」たちの憎悪と暴力

（文春新書、2014年）

浅尾大輔
作家

　本書は、現代日本のヘイトスピーチの凄惨な現場を伝えると共に、その首謀者・参加者を「差別者集団」として告発したルポルタージュである。「朝鮮人は首をつれ、毒を飲め」「ガス室へ送れ」（2009年）、「共産支那はゴキブリとウジ虫、朝鮮半島はシラミとダニ。慰安婦だらけの国」（2012年）、「混ぜるな危険!!」「国際結婚禁止！」（2014年）──本書に掲げられた言葉を覗き見した私の妻は、思わず「鈍ましい！」と叫んだ。

　著者によれば、ヘイトスピーチとは「憎悪と悪意を持って差別と排除を扇動し、人間を徹底的に傷つけるもの」「言論ではなく、迫害」「暴力そのもの」。多くの「話者」には「加害」の自覚が欠けており（P.20）、彼らが「日の丸」を携えて「朝鮮人は出ていけ」と叫ぶ時、すっきりした気持ち（カタルシス）が生じるだけだ。彼らの

あさお　だいすけ　1970年愛知県生まれ。作家。名古屋大学法学部を卒業後、新聞記者、労働組合職員（国公一般書記次長）をへて現職。2003年、小説「家畜の朝」で第35回新潮新人賞。主な著書に、第1小説集『ブルーシート』（朝日新聞出版）、詩人・辻井喬氏へのインタビュー『心をつなぐ左翼の言葉』（かもがわ出版）、『新解マルクスの言葉』（バジリコ）がある。

心には、言われた者の「痛み」を想像する余地はない（P.61）。

　読者は、ページを繰るごとに「差別者集団」の忌ま忌ましいスピーチに戦慄し（第1章「暴力の現状」、第4章「増大する差別扇動」）、彼らの正体——主たる「在日特権を許さない市民の会」（在特会）の活動・勧誘の手口に瞠目する（第2章「発信源はどこか？」）。そしてネット右翼——日夜、インターネット上に在日朝鮮人や中国人の罵詈雑言を書き込む匿名者たちの思考パターンと生業を知って愕然とするだろう（第5章「ネットに潜む悪意」）。その一方で、彼らと対決し「レイシスト帰れ！」「ザイトク帰れ！」と抗議する「カウンター」と呼ばれる人びと、ヘイトスピーチの法規制を国に求める意見書を採択した地方議会、国・自治体・企業の取組み、国連の勧告を知るに及び「差別者集団」を封じる社会的包囲網の広がりに胸を撫で下ろすかもしれない。

　しかし予断は許されない。長く外国人労働者問題を取材する著者は、07年11月の栃木県警による中国人暴行致死事件の公判日に初めて「シナの犬！」という罵声を飛ばすネット右翼の集団に遭遇したのだし、09年4月に埼玉県で起きた「カルデロン一家」追放デモの中に現代版ヘイトスピーチの「定石」——「至近距離で当事者にダメージを与える」という禍根を見つけたからだ。同年12月には京都朝鮮第一初級学校への威嚇事件が起きている。すなわち私の前に「差別者集団」は跋扈していたのであり、私たちが「差別者集団」への圧力と批判を弱めた時、1923年の関東大震災時の朝鮮人・中国人虐殺や亀戸事件が繰り返されるだろう（第3章「『憎悪表現』でいいのか？」）。そうだ、カルデロン親子は不法滞在を理由に入国管理局からフィリピンへの強制送還を迫られていた。日本生まれの一人娘は両親と引き裂かれてしまった。あの時、日章旗を担いだ自称「愛国者」たちは、少女が通う中学校の門前から「日本から追放するぞ！」と猛猛しく唱和した。著者は書く——「彼女には何の罪もない。13歳の少女をターゲットに『叩きだせ』だの『追放』だのと、大声でわめき続ける大人たちが許せなかった」。しかし私も私が許せない。恥ずかしながら、小説家の私には事件の詳しい記憶はなく、ヘイトスピーチと結びつける回路はなかった。本書は「差別者集団」に対

し冷笑するしかなかった者に反省も迫るだろう。

　2014年4月、「すべての外国人を入国禁止に」「ヒトラーを見習え」のスローガンのもと「ハーケンクロイツ」を掲げる集団も現れた。著者は、彼らの多くは「(在日)特権」が許せないのではなく、外国籍住民が日本人と同等の生活をしていること自体が許せないのだ、と指摘した上で（P.53）、政界の「在特会化」にもふれる（P.254）。本質的な論点だ。私は、在特会＝「差別者集団」の本質につき、安倍晋三に貫かれる1910年の韓国併合を含めた日本の苛烈な侵略戦争・植民地政策を正当化する国粋主義者（ultranationalist）だと考えた。彼らは今も「全き他者」（紙屋高雪）だろうか──「開かれた真摯な議論をするのではなく、仮想敵をつくってそれを集団でつぶすことで自分の鬱憤を晴らす。その主張の内容というよりも、『いじめ』そっくりの言動の様式に反吐が出そうだった」（ルポ「あなたのとなりのウヨク」『ロスジェネ』創刊号2008年）。当時の紙屋は、社会を変える共同をつくり出す左翼の実践方法として「ネット右翼」に対しても「まず、相手と一定期間つきあい、相手の生活像に何の皮膚感覚もぼくがもたないうちから、ただ彼らの言説を集積していっても本当に意味がないように思えた。」（同ルポ P.72）と表明し、大新聞の取材方法や報道の仕方に違和感を述べていた。同誌の編集長だった私は、この認識は今も正しいと考えている。しかし「全き他者」の問答無用さへの警戒は足らなかった。彼らの問答無用さは、それ自体に意味があったのだ。

　著者は、意地と配慮がせめぎ合う過酷な取材を粘り強く重ねて「全き他者」の悪意を生々しく引きずり出し、彼らとの相互不理解性（ディスコミュニケーション）を白日の下に暴き出したのである。

表紙イラストをオカヤイヅミさんに依頼するにあたり、ひとつ遊びを考えました。これから毎号、「フリ」となる音楽を編集部が1曲選び、オカヤさんにその曲を自由に解釈し描いてもらいます。創刊号の曲は、1982年にフィル・コリンズがカバーしたザ・スプリームスの名曲「恋はあせらず」。熊沢先生が今号で紹介している映画『パレードへようこそ』の明るく切ない挿入歌です。いかにも"お堅そうな"労組が出す雑誌なので、あえて有名な恋の歌を選びました。(西口)

『KOKKO』創刊号
2015年9月10日　第1刷発行

[編集]
日本国家公務員労働組合連合会
〒105-0003 東京都港区西新橋1丁目17-14
西新橋エクセルアネックス3階
TEL:03-3502-6363
FAX:03-3502-6362

[発行者]
株式会社堀之内出版
〒192-0355
東京都八王子市堀之内3丁目10-12フォーリア23 206
TEL:042-682-4350
FAX:03-6856-3497

[印刷製本]　シナノパブリッシングプレス

[表紙イラスト]　オカヤイヅミ
[デザイン]　ナルティス
[本文組版]　はあどわあく

©2015　Horinouchi Publishing
ISBN978-4-906708-49-9

本書の収録内容の無断転載、複写、引用等を禁じます。